Veronika Beyer

Spaß und Action
in Karlsruhe und Umgebung
Die tollsten Ausflüge mit Kindern

Veronika Beyer

Spaß und Action
in Karlsruhe und Umgebung

Die tollsten Ausflüge
mit Kindern

G. Braun

Inhalt

Zum Buch	6
Danksagung	7
Praktische Hinweise	8
Vorwort: Spaß und Action mit Kindern	10

Karlsruhe — 12

1	Naherholungsgebiet Oberwald	14
2	Ab an den Strand – Fahrradtour zum Epplesee	18
3	Aussichtsreicher Ausflug – Turmberg und Waldseilpark	21
4	Grötzinger See und Weingartener Moor	26
5	Gemütlicher Spaziergang an der Alb zwischen Rüppurr und Weiherfeld-Dammerstock	29

Der Rhein — 32

6	Durch den Hardtwald zum Rhein	34
7	Hofgut Maxau	38
8	Wasser, Wasser, Wasser – erfrischende Rheinradtour	42
9	Kultbad am Rhein – Rheinstrandbad Rappenwört	46

Der Schwarzwald — 50

10	Ausflug nach Ettlingen – Stadt im Grünen	52
11	Altes und Neues – von Bad Herrenalb nach Marxzell	58
12	Schönes Albtal – Quellenerlebnispfad	62
13	Von Engeln und Teufeln – Gernsbacher Sagenweg	67
14	Tierisch mystisch – Wandern bei Forbach	72
15	Zauberhaftes Tal – Geroldsauer Wasserfall	76
16	Wildnispfad – Wandern am Plättig	80
17	Wandern auf dem Kaltenbronn – ein Schwarzwalderlebnis der besonderen Art	84

	Die Pfalz	88
18	Burgenland Pfalz	90
19	Von Kastanien und Mandeln – Themenwanderungen in der Südpfalz	94
20	Bizarr – Dahner Felsenland	98

Park- und Grünanlagen 104

Schlossgarten Karlsruhe 106
Günther-Klotz-Anlage 109
Horbachpark Ettlingen 112
Freizeitanlage Muggensturm 115
Enzauenpark Pforzheim 118

Baggerseen rund um Karlsruhe 120

Freibäder in und um Karlsruhe 124

Schlechtwettertipps 125

Hallen- und Erlebnisbäder in und um Karlsruhe 125
Indoorspielplätze 125
Kino und Theater für Kinder in Karlsruhe 126
Museen mit speziellen Angeboten für Kinder 128

Weitere Ausflugstipps 132

Freizeitparks 132
Zoos und Tierparks 134

Spaß und Action im Winter 138

Register 142
Impressum 144

Zum Buch

Liebe Eltern!

Ich gebe gerne zu, dass die Auswahl an Ausflugsmöglichkeiten und deren Bewertung durchaus subjektiv ist. Die beschriebenen Touren haben wir alle mit befreundeten Familien getestet und wir hatten großen Spaß dabei!

Oft ist es so, dass in einer Familie oder Gruppe Kinder verschiedenen Alters und mit verschiedenen Interessen sind. Es allen Recht zu machen ist natürlich schwierig. Dort wo es möglich war, habe ich versucht, verschiedene Varianten einer Tour, bzw. eines Ausflugs zu beschreiben und Abkürzungsmöglichkeiten vorzuschlagen. Auf eine Altersempfehlung habe ich verzichtet. Kinder sind sehr unterschiedlich und Eltern kennen ihre Kinder am besten und wissen, was sie schaffen und woran sie Spaß haben. Planen Sie immer genug Zeit für spontane Entdeckungen und Erlebnisse ein – die sind die besten!

Es würde mich freuen, wenn dieses Buch dazu beiträgt, dass Sie ein paar schöne Stunden mit Ihren Kindern verbringen. Das muss und soll nicht viel kosten! Deshalb habe ich bewusst darauf verzichtet Ausflugsziele wie z. B. größere Freizeitparks zu beschreiben, die mit einem hohem Kostenaufwand verbunden sind. Neben Touren und Ausflugszielen finden Sie auch Ideen für sonstige Unternehmungen, Schlechtwettertipps und eine Beschreibung der Bagger- und Badeseen rund um Karlsruhe.

Viel Spaß wünscht Ihnen

Danksagung

An dieser Stelle möchte ich mich ganz besonders bei meinen Kindern bedanken, die alle Touren und Ausflüge mitgemacht und (gnadenlos!) kommentiert haben. Ganz besonderen Dank auch meinem Mann, der ebenfalls tapfer mitgewandert und geradelt ist und mich auch ansonsten immer unterstützt hat! Danken möchte ich auch Eva Lichtenberger und Stefan Krauss, die das Buch kompetent und engagiert begleitet haben, sowie Natascha Matussek und dem G. Braun Buchverlag.

Praktische Hinweise

Eltern haben meist wenig Zeit! Die Symbole im Balken auf der ersten Seite jeder Tour ermöglichen einen schnellen ersten Überblick, der die Planung erleichtern soll:

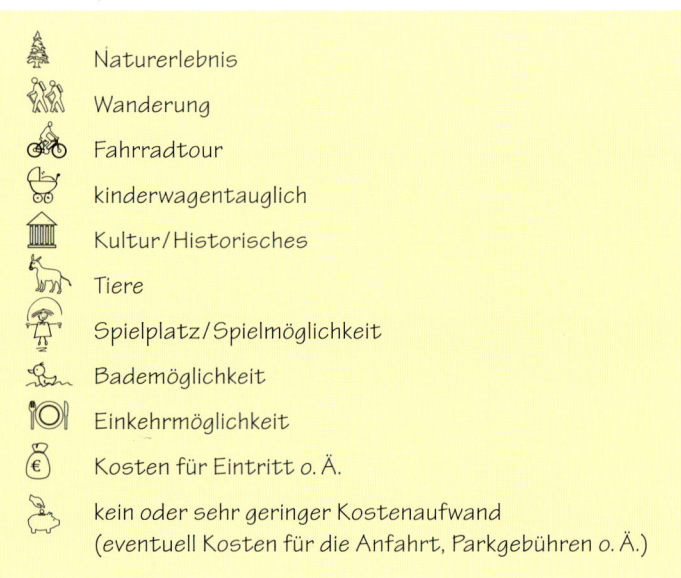

- Naturerlebnis
- Wanderung
- Fahrradtour
- kinderwagentauglich
- Kultur/Historisches
- Tiere
- Spielplatz/Spielmöglichkeit
- Bademöglichkeit
- Einkehrmöglichkeit
- Kosten für Eintritt o. Ä.
- kein oder sehr geringer Kostenaufwand (eventuell Kosten für die Anfahrt, Parkgebühren o. Ä.)

Dieser Reiseführer ist von Karlsruhe aus geplant, daher beziehen sich die Angaben zur Anfahrt auch immer auf eine Anreise von Karlsruhe.

Von Karlsruhe aus kommt man mit Bus und Bahn relativ schnell und einfach fast überall hin. Wenn Sie mit öffentlichen Verkehrsmitteln unterwegs sind, insbesondere auch mit dem Fahrrad, beachten Sie bitte immer: Durch den Bau der Kombilösung wird es noch in den nächsten Jahren immer wieder zu Änderungen im Liniennetzplan und bei den Fahrtrouten kommen. Es ist daher wichtig, sich immer aktuell über die Strecken auf der Website des Karlsruher Verkehrsverbunds KVV unter www.kvv.de zu informieren. Für Radfahrer gilt:

Praktische Hinweise

„Die Mitnahme von Fahrrädern in Stadtbahnen, S-Bahnen und großen Bussen ist kostenlos. Keine Mitnahme werktags zwischen 6 Uhr und 9 Uhr. Fahrräder werden in geringem Umfang mitgenommen, soweit Platz vorhanden ist. Die Fahrräder müssen ständig festgehalten werden und sind auf den für Kinderwagen bzw. Fahrräder gekennzeichneten Plätzen so unterzubringen, dass andere Fahrgäste nicht beeinträchtigt werden. Fahrgäste mit Kinderwagen oder Rollstuhl haben auf jeden Fall Vorrang."

Bei Museen, Schwimmbädern, Burgen und anderen sind die Öffnungszeiten und Eintrittspreise angegeben. Die Angaben entsprechen dem Stand von 2012/2013 und sollen eine Orientierungshilfe sein. Zeiten und vor allem Preise können sich ändern. Zur Sicherheit ist immer die Website mit aufgeführt, damit Sie die Informationen auf ihre Gültigkeit überprüfen können. Besonders bei den Öffnungszeiten an Feiertagen ist die Regelung sehr unterschiedlich und sollte auf jeden Fall im Internet nachgelesen werden.

Vorwort: Spaß und Action mit Kindern

Wann haben Sie zuletzt einem Rotkehlchen zugehört, eine Schnecke mit Häuschen gesehen, den Duft von Tannennadeln gerochen, eine Ritterburg erobert oder einfach zusammen mit der ganzen Familie etwas draußen unternommen?

All diese Dinge sind im Raum Karlsruhe leicht erreichbar und zudem weitgehend kostenlos. Aber noch mehr als Sie selbst profitieren Ihre Kinder von solchen oder ähnlichen Erfahrungen.

Sie können Kindern unheimlich viel über Käfer erzählen und ihnen endlos viele Bilder zeigen. Bestimmt werden sie auch Einiges davon im Gedächtnis behalten, aber das alles ist nichts im Gegensatz zu der Empfindung, wenn ihnen ein Käfer tatsächlich über die Hand krabbelt oder sie ihn „live" dabei beobachten können, wie er die Flügel spreizt, vom Boden abhebt und auf einer Blüte wieder landet. Gleiches gilt auch für die Brennnessel. Das Gefühl des Brennens auf der Haut nach einer Berührung können Sie zwar beschreiben, aber nur wer sie wirklich einmal berührt hat, weiß tatsächlich, was gemeint ist. Auch Sagen und Geschichten zu Rittern und Burgfräulein werden erst „lebendig", wenn ein Kind selbst einmal eine Burg „erobert" hat.

Vorwort

Diese Beispiele lassen sich endlos fortführen, haben aber alle denselben Hintergrund: „Begreifen kommt von greifen", sei es nach dem Käfer am Grötzinger See, nach der Brennnessel am Quellenerlebnispfad, nach den Mauern der Burg Fleckenstein oder tausend anderen Dingen, die uns die Umgebung rund um Karlsruhe bietet, ohne dass wir etwas dafür tun müssen.

Aber neben diesem Lerneffekt bietet sie Kindern auch jede Menge Spaß. Sei es beim Klettern an einem alten Baum, beim Spazierengehen in einem märchenhaften Wald oder beim Kastaniensammeln. Und wenn sie dabei auch noch ihre Erlebnisse und Entdeckungen unmittelbar mit ihren Eltern teilen können, ist ein Strahlen in ihren Gesichtern garantiert.

Julia Zängl, Pädagogin

Die Angebote für Familien mit Kindern in und um Karlsruhe sind unglaublich vielfältig. Vereine und Organisationen bieten fast alles: von Sport, Musik, Malerei, Hobby- und Projektwerkstätten über geführte Wanderungen und Ausflüge bis hin zu Exkursionen zu verschiedenen Themen. Durch Karlsruhes Lage am Rhein und unweit des Schwarzwalds und der Pfalz bieten sich Ausflugsmöglichkeiten der unterschiedlichsten Art. Abenteuerwanderungen durch den Schwarzwald, Ausflüge zu Burgen in der Pfalz, Fahrradtouren durch die Rheinauen, ein Tag am Strand eines der vielen Baggerseen, das alles bringt auf jeden Fall großen Spaß für die ganze Familie. Aber auch in Karlsruhe selbst gibt es einiges zu entdecken. Rund 40 Prozent des Stadtgebiets sind landschaftlich geschützte Flächen. Die Park- und Grünanlagen wie z. B. der Schlosspark, die Günther-Klotz-Anlage und die Grünanlagen an der Alb sind schnell und einfach zu erreichen – Natur pur „mitten" in der Stadt.

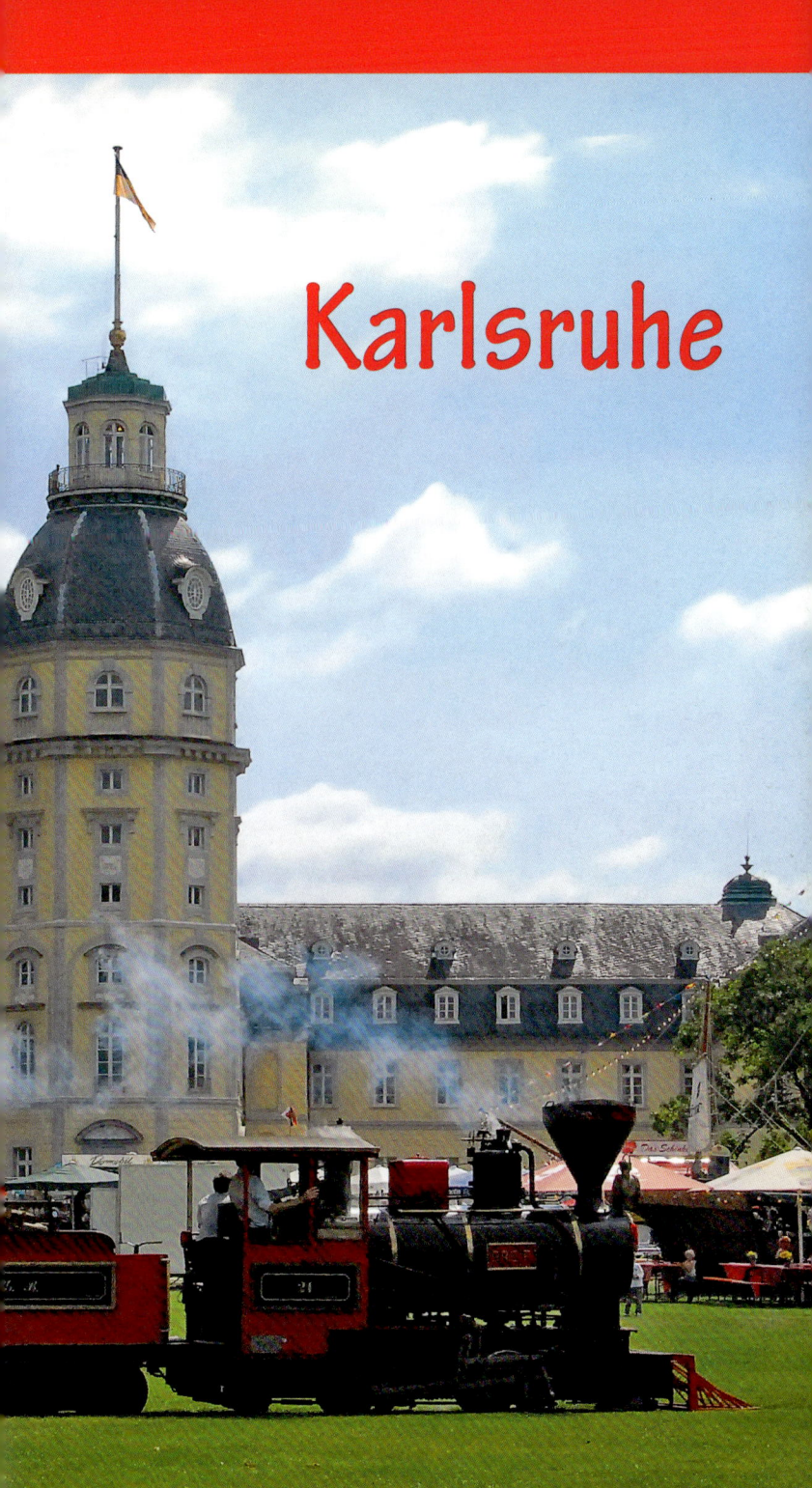
Karlsruhe

Tour 1
Naherholungsgebiet Oberwald

Das perfekte Naherholungsgebiet mitten in Karlsruhe! Sehr gut zu erreichen, zentrumsnah und doch mitten in der Natur. Es gibt einen wunderbaren Spielplatz, auf dem sich große wie kleine Kinder so richtig austoben können. Im Tierpark, einer Dependance des Karlsruher Zoos, kann man vor allem heimische Tierarten sehen. Im Sommer ist der Oberwald schön kühl – ideal, um mit den Kindern dort einen gemütlichen Spaziergang oder eine kleine Fahrradtour zu machen. Am Obersee kann man auch grillen.

Streckenverlauf	Bahnhofsvorplatz – Tierpark Oberwald – Erlachsee – Obersee – Tierpark Oberwald – Bahnhofsvorplatz
Länge	Fahrradtour 10 km, Spaziergang 1,5 km
ÖPNV	Straßenbahn/S-Bahn bis Karlsruhe Hbf oder Haltestelle Tivoli
Mit dem Auto	Parkmöglichkeiten vor und hinter dem Bahnhof (kostenpflichtig). In der Nähe der Haltestelle Tivoli kann man in der Rüppurrer Straße, Nebeniusstraße, Stuttgarter Straße und am Sonntag auch auf dem Raiffeisen-Parkplatz in der Rüppurrer Straße kostenfrei parken.

Die Tour beginnt am **Bahnhofsvorplatz**. Wir fahren zunächst die Poststraße entlang, queren die Ettlinger Straße und fahren weiter in die Rüppurrer Straße. Bei der nächsten Möglichkeit rechts und hinter der Unterführung links, hier steht ein Hinweisschild „Oberwald". Wir fahren die Wasserwerkstraße entlang und überqueren die Bahngleise und die Südtangente. Eisenbahnfreunde haben hier einen herrlichen Blick auf den Karlsruher Bahnhof. Hinter der Brücke beginnt der Oberwald. Wir bleiben auf dem asphaltierten Weg und fahren weiter geradeaus. Nach 500 m sehen wir rechter Hand den fantasievoll angelegten Spielplatz und linker Hand den **Tierpark Oberwald**. Dort befinden sich auch ein Übersichts-

Oberwald — Tour 1

Waldspielplatz Oberwald

plan und eine Beschreibung der einzelnen Gehege. Am besten erschließen wir uns diesen Teil der Tour selbst und nach eigenen Wünschen und natürlich mit Rücksicht auf die Lust und die Vorlieben der Kinder. Wer zum Tierpark Oberwald spazieren möchte, startet am besten an der Haltestelle Tivoli (Rüppurrer Straße) und folgt dann dem gleichen Weg.

Der **Tierpark Oberwald** wurde im Jahr 1965 im Rahmen der Vorbereitungen für die Bundesgartenschau angelegt und gehört zum Zoo Karlsruhe. Es wurden Gehege für Wildtiere der gemäßigten und kalten Klimazonen geschaffen. Zu sehen sind neben verschiedenen Hirscharten, der Kropfgazelle, dem Wisent und der Schleiereule auch die sogenannten „Przewalski-Pferde", die bereits seit 1970 in der freien Wildbahn als ausgestorben galten. Heute bemüht man sich um eine Wiederansiedlung in ihren ursprünglichen Lebensräumen, u. a. aus den Karlsruher Beständen.

Tour 1 — Oberwald

Nachdem wir nach Lust und Laune an den Gehegen entlang geschlendert sind und sich die Kinder auf dem Spielplatz ausgetobt haben, folgen wir weiter dem asphaltierten Weg, auf dem wir gekommen sind, biegen aber bei der nächsten Möglichkeit halb links ab. Die abzweigenden Wege bilden hier eine Art Dreieck. Unser Weg ist mit der roten Raute des Schwarzwaldradwegs gekennzeichnet  (nicht dem Schild „Erlachsee" folgen!). Wir fahren über den Scheidgraben und bei der nächsten Möglichkeit rechts. Linker Hand befindet sich der **Erlachsee**. Es wirkt ein wenig befremdlich, dass dieser See komplett eingezäunt ist und man somit immer einen gewissen Abstand zum See halten muss. Aus der Sicht des Naturfreundes ist das aber verständlich, denn nur so kann dieses empfindliche Biotop geschützt werden. Die Erlachseeumrundung ist somit auch eher etwas für Naturinteressierte und vor allem für Vogelfreunde. Nach 300 m kann man von einer Hütte aus auf den See blicken und die Enten, Gänse, Reiher und alles, was sich dort sonst noch tummelt, beobachten. Wir fahren weiter um den See herum. Fast wieder am Ausgangspunkt angelangt, gehen ein Pfad und ein asphaltierter Weg links ab. Rechts führt der asphaltierte Weg weiter zum **Obersee**. Links auf dem asphaltierten Weg geht es zurück Richtung Tierpark. Fährt man links den Pfad entlang, kommt man zu einer weiteren, größeren Beobachtungshütte. Wir fahren rechts weiter Richtung Obersee. Nach etwa 300 m, vor der Schranke, biegen wir ab und kommen zu dem kleineren, aber sehr hübschen See. Hier „stört" kein Zaun, allerdings sind Baden, Angeln und Boot fahren verboten. Nach weite-

>  **TIPP**
>
> Eine schöne Variante ist die Strecke mit dem Rad durch den Oberwald zur Hedwigsquelle und nach Ettlingen, dann den Albradweg zurück nach Karlsruhe (20 km).

Oberwald — Tour 1

Blick auf den Obersee

ren 100 m kommen wir zur Grillhütte. Von hier aus hat man einen wunderschönen Blick auf den See – eine gute Gelegenheit für eine Pause. Auf der anderen Seeseite, ziemlich genau gegenüber, befindet sich ein kleiner Spielplatz. Nachdem wir uns ausgeruht, gestärkt und den See erkundet haben, geht es zurück Richtung Tierpark. Dort, wo wir vom asphaltierten Weg auf den Waldweg zum Obersee abgebogen sind, geht nach etwa 30 m ein kleiner Waldweg weg vom Obersee links ab. Wir folgen diesem kleinen, teils mit Gras bewachsenen Weg, kreuzen einen breiten Schotterweg, fahren weiter geradeaus und kommen bald wieder an die Gehege des **Tierparks**. Vor den Gehegen biegen wir rechts ab und folgen dem Schotterweg, bis wir auf einen breiten, asphaltierten Weg stoßen; hier links, bis wir wieder am Ausgangspunkt unserer Oberwaldtour sind. Wir fahren rechts über die Brücke (Wasserwerkstraße) zurück Richtung Bahnhof.

Tour 2
Ab an den Strand – Fahrradtour zum Epplesee

Leichte Fahrradtour mit schöner Bademöglichkeit am Epplesee bei Forchheim (▶ S. 121). Allerdings führt die Strecke zum Teil auf befahrenen Straßen. Sie ist daher eher für etwas ältere, fahrraderfahrene Kinder zu empfehlen. Zwar ist die Tour nicht lang, man kann sie aber durchaus als Tagesausflug planen. Es gibt unterwegs einige schöne Spiel- und Rastmöglichkeiten. Für den Badesee sollte man unbedingt genug Zeit einplanen.

Streckenverlauf	Günther-Klotz-Anlage – Bulach – Oberreut – Ettlinger Linie – Flugplatz-Neuforchheim – Epplesee – Oberreut – Günther-Klotz-Anlage
Länge	15,5 km
ÖPNV	S 5 bis Haltestelle Kühler Krug

Die Tour beginnt an der Gaststätte „Kühler Krug", auf der gegenüberliegenden Straßenseite der gleichnamigen Haltestelle. Wir fahren durch die **Günther-Klotz-Anlage** an einem außerordentlich schönen Spielplatz vorbei Richtung Albtalbahnhof. Man sollte sich auf jeden Fall etwas Zeit für die Grünanlage nehmen! Auf dem See kann man Boote mieten und es führt ein interessanter Gewässerlehrpfad an der Alb entlang (▶ S. 109). Nach etwa 1 km geht es rechts ab Richtung Bulach/Oberreut. Wir erreichen nach wenigen Metern den Ortsteil **Bulach** und fahren bei der nächsten Möglichkeit links (Litzenhardtstraße), an der Grundschule vorbei Richtung Oberreut. Weiter geht es bis zur Grünanlage in **Oberreut**, dort biegen wir vor dem Rathaus links ab. In der Grünanlage befindet sich ein wunderbarer Spielplatz mit Riesenrutsche und Kletterwand. Am Ende der

TIPP

In der Gaststätte „Kühler Krug" kann man gut und günstig essen.

So 11.30–14.30 Uhr Familienbuffet
www.brauhaus-kuehler-krug.de

Epplesee — Tour 2

Spielplatz in der Grünanlage Oberreut

Anlage am Rondell biegen wir leicht rechts ab in den Wald. Nach wenigen Metern sehen wir ein Hinweisschild „Forchheim", hier dem Schild folgend rechts, bei der nächsten Weggabelung links halten. Der Weg führt uns am Flugplatz entlang zu Überresten der **Ettlinger Linie**.

> Die **Ettlinger Linie** wurde Anfang des 18. Jahrhunderts während des Spanischen Erbfolgekriegs als Verteidigungslinie errichtet, um die französische Armee aufzuhalten. Die Linie bestand zu Teilen aus Wällen und Gräben oder aus Hindernissen unterschiedlichster Art. An manchen Stellen wurden sogenannte Redouten (von frz. *redoute* = „Zufluchtsort") errichtet, ausgebaute Verteidigungsstellungen, an denen bei Bedarf Soldaten stationiert werden konnten.

Vor der Hinweistafel „Ettlinger Linie" biegen wir links ab, überqueren den Flugplatz und fahren am landwirtschaftlichen Institut vorbei bis zur Hauptstraße (L 606). Wir überqueren die Straße und fahren rechts an der Waldkapelle vorbei. Hier sehen

Tour 2 — Epplesee

Epplesee

wir schon linker Hand den Parkplatz am Epplesee. Zurück geht es zunächst wieder über den Flugplatz, an der Hinweistafel „Ettlinger Linie" geradeaus, bis wir rechter Hand die Engelbert-Bohn-Schule sehen. Hier rechts in den Joachim-Kurzaj-Weg abbiegen, dann die Straßenbahnlinie und die Otto-Wels-Straße queren, dann links und nach wenigen Metern rechts der Beschilderung (Europahalle/Europabad) bis zur **Günther-Klotz-Anlage** folgen.

Günther-Klotz-Anlage

Tour 3
Aussichtsreicher Ausflug – Turmberg und Waldseilpark

Der perfekte Ausflug für den Sonntagnachmittag. Da ist für jeden etwas dabei! Vom Turmbergturm aus hat man eine herrliche Aussicht auf Karlsruhe, bei guter Wetterlage kann man in der Ferne die Vogesen und den Pfälzerwald sehen. Gemütlich spaziert man durch den Wald zum Waldspielplatz und zum Waldseilpark, der etwa 1 km vom Turm entfernt liegt. Hier können sich große wie kleine Kinder so richtig austoben; der Waldseilpark bietet zahlreiche Parcours, darunter auch einen für Kinder ab 4 Jahren. Einkehrmöglichkeit besteht am Turmberg oder unterhalb des Spielplatzes. Vom Spielplatz aus ist es etwa 1 km bis zum Rittnerthof. Dort gibt es ein Uhrenmuseum, in dem man allerlei Kurioses rund um die Zeitmesser bewundern kann. Am Wochenende ist die kleine Imbissbude am Rittnerthof geöffnet.

Streckenverlauf	Turmberg Bahnstation – Waldseilpark – Rittnerthof – Turmberg Bahnstation
Länge	4 km
ÖPNV	Linie 1 ab Karlsruhe Marktplatz (Kaiserstraße) bis Durlach, Haltestelle Turmberg
Informationen	**Turmbergbahn** April–Okt 10–20 Uhr, Nov–März Sa–So 10–18 Uhr (bei Schnee Sonderfahrplan) einfache Fahrt: 1,70 €, Kinder ab 6 J. 1 € **Turm** Mitte April–Mitte Okt 7–20 Uhr, Mitte Okt–Mitte April 9–16 Uhr **Waldseilpark** 10–17 Uhr, nur bei guter Witterung! Im Winter geschlossen 21 €, Kinder 13–17 J. 16 €, 7–13 J. 14 €, Kleinkindparcours 5 € (ab 4 J., nur mit Begleitperson) www.waldseilpark-karlsruhe.de

Tour 3 — Turmberg

Von der Haltestelle aus gehen wir die Bergbahnstraße Richtung **Turmbergbahn** bergauf. Wer möchte, kann den Turmberg auch „erwandern", über eine wirklich sehr lange Treppe, das sogenannte „Hexensteigle". Der Einstieg befindet sich in der Posseltstraße. Man kann auch nur den ersten Treppenabschnitt hinauf und dann die nächste kreuzende Straße, den Wolfweg, nach rechts gehen. Der Wolfweg wird im weiteren Verlauf zum Feldweg, der durch Weinberge hinauf zum Turmberg führt. Mit Kindern empfiehlt es sich aber, wenigstens einen Weg – hinauf oder hinunter – mit der Seilbahn zu fahren. Die Turmbergbahn ist die älteste noch in Betrieb befindliche Standseilbahn in Deutschland. Sie

Turmberg — Tour 3

Herrliche Aussicht vom Turmberg auf Karlsruhe

überwindet auf einer Strecke von über 300 m ganze hundert Höhenmeter bei einer maximalen Steigung von 36,2 Prozent. Vom Turmbergturm aus hat man eine wunderbare Aussicht über Karlsruhe und die nähere und weitere Umgebung.

> Ende des 11. Jahrhunderts begannen die Grafen von Hohenberg mit dem Burgbau auf dem Hohenberg, wie der **Turmberg** zu jener Zeit genannt wurde. Nachdem die Anlage mehrmals Herren und Besitzer gewechselt hatte, wurde die Burganlage Mitte des 12. Jahrhunderts, nun im Besitz der Staufer, erweitert und umgebaut. Der heute noch gut erhaltene Turm stammt vermutlich aus dieser Zeit und war Teil einer neu angelegten Ringmauer. In den darauffolgenden Jahrhunderten wurde die Burg mehrfach beschädigt und verlor nach und nach an Bedeutung. Ende des 16. Jahrhunderts diente der Turm, der als einziger Teil der Anlage übrig geblieben war, als Wachturm für die Stadt Durlach. Heute ist der Turmberg ein beliebtes und viel genutztes Naherholungsgebiet.

Für Mutige: der Waldseilpark am Turmberg

Vom Turm aus geht es den Waldweg parallel zur Jean-Ritzert-Straße zum Waldspielplatz. Gleich beim Spielplatz befindet sich auch der **Waldseilpark**, der bei guter Witterung geöffnet hat. Ein sehr schöner Spaziergang führt uns zum **Rittnerthof**, in dem ein kleines interessantes Uhrenmuseum untergebracht ist. Zum Rittnerthof geht es 100 m an der Jean-Ritzert-Straße entlang. Am Restaurant „Zum Schützenhaus"

> **TIPP**
>
> Zeitgeist – Uhrenmuseum
> Sa 14–18 Uhr, So 11–18 Uhr
> Imbiss zeitgleich geöffnet

Turmberg — Tour 3

Waldspielplatz neben dem Waldseilpark

Uhrenmuseum am Rittnerthof mit Imbiss

links den Wegweisern folgen. Wer möchte, kann auch weiter nach Grötzingen laufen, dann ebenfalls hinter dem Restaurant „Zum Schützenhaus" links den Wegweisern folgen. Ab Grötzingen kann man mit der S-Bahn zurück nach Karlsruhe fahren.

Tour 4
Grötzinger See und Weingartener Moor

Der idyllisch gelegene Grötzinger See ist zu gut einem Drittel ausgewiesenes Naturschutzgebiet. Jogger, Fahrradfahrer und Spaziergänger nutzen den Wald rund um den See. Man kann sehr schön um den See herum spazieren und einen Abstecher ins angrenzende Weingartener Moor machen. Über einen Bohlenweg erreicht man die Beobachtungshütte am Moorsee – Hobbyornithologen: Fernglas nicht vergessen! Direkt am See gelegen ist die Gaststätte „Fischerheim". Es gibt auch einen kleinen Sandstrand, das Baden ist jedoch leider nicht erlaubt.

Länge	Spaziergang 3,5 km
ÖPNV	Mit der S 4 Richtung Bretten bis Grötzingen Bahnhof, dann mit dem Stadtbus Linie 21 bis Haltestelle Emil-Arheit-Halle. Die Haltestelle liegt an einer Weggabelung. Von der Straße „Am Viehweg" (Richtung Gärtnerei) zweigt nach wenigen Metern rechts ein schmaler Weg ab, der am Parkplatz vorbei direkt zum See führt.
Mit dem Auto	Der Grötzinger See liegt direkt an der B 3 zwischen Grötzingen und Weingarten und ist mit dem Auto gut zu erreichen. Großer Parkplatz vorhanden.

Vom Parkplatz Richtung **Grötzinger See** kommen wir zu einer Weggabelung. Wir halten uns links und laufen 1 km am See entlang durch den Bruchwald, bis wir links eine kleine Holzbrücke sehen. Wir gehen über die Brücke und kommen zum **Weingartener Moor**. Nun queren wir den geschotterten Weg und halten uns rechts, so gelangen wir auf schmalen Pfaden zum Bohlenweg, der durch das Moor zum See und der Beobachtungshütte führt. Es ist schon eine ganz außergewöhnliche Landschaft, die man hier erleben kann. Bereits 1940 wurden erste Teile dieses einzigartigen Gebiets unter besonderen Schutz gestellt!

Grötzinger See/Weingartener Moor — Tour 4

Das **Weingartener Moor** war ursprünglich Teil eines großen Niedermoors der Kinzig-Murg-Rinne, die einst eine Flussniederung am Ostrand des Oberrheingrabens bildete. Das Moor mit seinen offenen Wasserflächen und der Bruchwald bieten einer vielfältigen Flora und Fauna Schutz und Nahrung. Der Einfluss des einst großen Moorgebietes auf die Menschen und ihre Siedlungen ist noch heute in vielen Ortsnamen der Region gegenwärtig, z. B. Durlach = durch die Lache oder Rüppurr = Burg im Riet (Schilf).

Bohlenweg im Weingartener Moor

Tour 4 — Grötzinger See/Weingartener Moor

> ### 💡 TIPP
>
> Etwa 7 km vom Grötzinger See entfernt befindet sich der **Weingartener See** (Natur- und Erholungsgebiet Breitheide), ein relativ großer, sehr sauberer Baggersee mit Sandstrand und einer Freizeitanlage: fest installierte Grillmöglichkeiten, Spielgeräte, WC, Volleyballfeld, Spielwiese und Gastronomie. Er ist vom Grötzinger See aus mit dem Fahrrad gut zu erreichen. Parkmöglichkeiten (kostenpflichtig) sind direkt am Weingartener See reichlich vorhanden, hier ist das Baden erlaubt.

Wir gehen zurück zum See und kommen nach 500 m zum Fischerheim. In der dortigen Gaststätte (tägl. geöffnet) kann man ganz gut essen. Vom Fischerheim aus den nächsten Weg rechts kommen wir zunächst zu einer Liegewiese am See und dann zurück zum Parkplatz.

▼ *Grötzinger See*

Tour 5
Gemütlicher Spaziergang an der Alb zwischen Rüppurr und Weiherfeld-Dammerstock

Der Spaziergang ist ideal, um bei schönem Wetter ein paar gemütliche Stunden im Grünen zu verbringen, ohne weit fahren zu müssen. Er führt am sehr empfehlenswerten Freibad Rüppurr vorbei zu einem tollen Spielplatz, der auch für größere Kinder durchaus interessant ist. Direkt neben dem Spielplatz ist die Alb relativ seicht und bestens geeignet, um Staudämme zu bauen und im Wasser zu plantschen. Wer möchte, kann weiter an der Alb entlang bis zur Günther-Klotz-Anlage spazieren (▶ S. 109) oder an der Haltestelle Dammerstock wieder in die S 1/S 11 steigen.

Streckenverlauf	Haltestelle Tulpenstraße – Rastatter Straße – Scheibenhardter Weg – entlang der Alb – Freibad Rüppurr – Spielplatz (Nürnberger Straße/rechts der Alb)
Länge	2 km
ÖPNV	Mit der S 1/S 11 bis Haltestelle Tulpenstraße. Die Bahnen fahren in der Regel im 10-Minuten-Takt.

Von der Haltestelle Tulpenstraße aus gehen wir Richtung Volksbank die Rastatter Straße entlang und weiter am Gast-

Freibad Rüppurr

haus „Kofflers Heuriger" vorbei, dann links in den Scheibenhardter Weg. Wir kommen zu einer Brücke. Links befinden sich ein Seitenkanal der Alb und eine Fischtreppe. Wir gehen nun rechts, die Alb rechter Hand. An einer Gärtnerei vorbei kommen wir zur alten Mühle, heute in Privatbesitz, und einer weiteren Fischtreppe. Weiter geht es am Rüppurrer Freibad vorbei, einer

„Piratenspielplatz" zwischen Weiherfeld und Dammerstock

sehr schönen Anlage mit großer Liegewiese und Spielplatz. Direkt am Freibad befindet sich auch eine Treppe zur Alb, die als Ein- und Ausstiegsstelle für Paddler angelegt wurde. Nun ist es nicht mehr weit bis zum „Piratenspielplatz". Hier gibt es reichlich Klettermöglichkeiten, Schaukeln, eine Wasserpumpe, eine Spielwiese – rundum ein sehr empfehlenswerter Spielplatz! Auf der anderen Straßenseite befindet sich das Eiscafé Eiszwerg (geöffnet tägl. 10–21 Uhr) und an der Kirche St. Franziskus gibt es einen Pfälzer Obst- und Gemüsestand, an dem man im Sommer erntefrische Erdbeeren und Himbeeren kaufen kann.

> **TIPP**
>
> Im Karlsruher Stadtteil Rüppurr wird von der Astronomischen Vereinigung Karlsruhe e. V. eine kleine **Sternwarte** betrieben. Die Sternwarte befindet sich am Max-Planck-Gymnasium im Krokusweg 49. Geöffnet 1–2 Mal im Monat Freitag abends, Zeiten variieren je nach Jahreszeit, der Eintritt ist frei.
>
> www.avka.de

◄ *Idyllisch ist es an der Alb in Rüppurr.*

Der Rhein ist die bedeutendste Wasserstraße Europas. Er misst von der Quelle bis zur Mündung rund 1300 km, davon sind über 800 km schiffbar! Im Karlsruher Westen markiert er die Grenze des Stadtgebiets und ist dort auch gleichzeitig Grenze zwischen den Bundesländern Baden-Württemberg und Rheinland-Pfalz. Der Rhein ist ein wichtiges Naherholungsgebiet, insbesondere die Auenwälder rund um den Altrhein! Hier kann man einen Eindruck von der ursprünglichen Landschaft vor der Rheinbegradigung im 19. Jahrhundert gewinnen. Zahlreiche Fahrrad- und Themenwege führen die Besucher durch diese einzigartige Landschaft.

Der Rhein

Tour 6
Durch den Hardtwald zum Rhein

Die Fahrt durch den Hardtwald (**Variante 1**) stimmt uns ein auf ein wunderbares Naturerlebnis im Naherholungsgebiet Karlsruhe. Das Andreasbräu in Leopoldshafen (Donauring 71) ist eine empfehlenswerte Einkehrmöglichkeit für durstige Radfahrer und es gibt dort günstige Kindergerichte. Hier ist auch der Startpunkt der kürzeren Radtour (**Variante 2**). Weiter geht es zum Vogelpark Leopoldshafen, einer liebevoll angelegten kleinen Parkanlage mit heimischen und exotischen Vögeln, Meerschweinchen, Ziegen, Damwild und einem kleinen Spielplatz (▶ S. 137, hier weitere Einkehrmöglichkeit). Vom Vogelpark aus ist es nicht weit zum Rhein und zu den sehr sehenswerten Rheinauen – eine überraschend andere Landschaft nur wenige Kilometer vom Stadtzentrum Karlsruhe entfernt. Wer mit dem Kinderwagen unterwegs ist, kann von der Haltestelle Viermorgen schön am Pfinz-Entlastungskanal entlang bis zu den Rheinauen und zum Rhein spazieren (**Variante 3**). Nach ungefähr 3 km kommt man zu einer Brücke. Wer auch zum Vogelpark möchte, folgt rechts dem Weg 250 m und nimmt dann die zweite Abzweigung links. Der Eingang befindet sich gegenüber den Tennisplätzen.

Streckenverlauf

Variante 1: Fahrradtour 30 km
Schloss Karlsruhe – Hardtwald – Pfinz-Entlastungskanal – Vogelpark Leopoldshafen – Rheinauen – Kleiner Bodensee – Neureut – Schloss Karlsruhe

Variante 2: Fahrradtour 16 km
Leopoldshafen Haltestelle Viermorgen – Vogelpark Leopoldshafen – Rheinauen – Kleiner Bodensee (Umrundung) – Rheinauen – Leopoldshafen Haltestelle Viermorgen

Variante 3: Spaziergang/Wanderung (kinderwagentauglich), einfache Strecke 4 km
Leopoldshafen Haltestelle Viermorgen – Pfinz-Entlastungskanal – Rheinauen/Rhein

Hardtwald — Tour 6

Variante 1 ist eher für Familien mit älteren Kindern geeignet. Die Route liegt meist auf ausgewiesenen Fahrradwegen, führt teilweise aber auch an wenig befahrenen Straßen entlang. Es gibt kaum Höhenunterschiede. Die Kinder sollten jedoch Spaß am Fahrradfahren haben, da die Tour mit ihren 30 km durchaus Durchhaltevermögen und Sportsgeist erfordert.

Das Karlsruher Schloss im Rücken fahren wir zunächst rechts Richtung Fasanengarten und folgen der Beschilderung zum Wildparkstadion. Dort überqueren wir den Adenauerring an der Fußgängerampel und fahren die Stutenseer Allee durch den Hardtwald bis zum **Pfinz-Entlastungskanal**. Dann links am Kanal entlang. Beim Wehr fahren wir über die Brücke und weiter rechts am Kanal entlang. Der Weg ist hier etwas holperig, aber nach etwa 300 m kommen wir wieder auf einen breiten, gut fahrradtauglichen Weg und fahren diesen weiter bis nach Eggenstein, immer am Kanal entlang, bis zum Andreasbräu. Dort liegt auch die Haltestelle Viermorgen, Startpunkt der kürzeren **Variante 2**. Am Andreasbräu kreuzen wir die Landstraße, fahren zunächst rechts und dann die nächste Möglichkeit links an Wiesen und Feldern vorbei. Bei der Weggabelung fahren wir in die Blumenstraße und kommen bald zu einem netten Spielplatz mit Seilbahn und Klettermöglichkeiten. Es geht weiter die Blumenstraße entlang, bei der nächsten Kreuzung links und dann gleich wieder rechts am alten Waschstein vorbei (hier wurde früher die Wäsche am Bach gewaschen), auf der Hafenstraße links und weiter rechts bis zum Vogelpark.

Der **Vogelpark Leopoldshafen** entstand Mitte der 1970er Jahre auf dem Gelände einer ehemaligen Baumschule. Die parkähnliche und sehr gepflegte Anlage beherbergt neben zahlreichen Volieren mit heimischen und exotischen Vogelarten, einem Großflugkäfig sowie einer Stelzvogelwiese auch Zwergziegen, Damwild und Schafe. Der Park wird von den Vogelfreunden e. V. ehrenamtlich betrieben. Der Eintritt ist frei, um Spenden wird gebeten (tägl. ab 10 Uhr bis Einbruch der Dunkelheit geöffnet).

Neben dem Vogelpark gibt es ein italienisches Restaurant, „Brunos Pizza", in dem man gut essen kann. Weiter geht es zunächst ein Stück zurück zur Hafenstraße, dann rechts und nach wenigen Metern links über eine Brücke (Pfinz-Entlastungskanal). Weiter der Beschilderung des Pamina-Radwegs bis zum Bodensee folgen. Wir fahren etwa 4 km an der Alb entlang durch die Rheinauen, biegen vor dem Bodensee links ab und verlassen dort den Pamina-Radweg wieder. Dann geht es links oder rechts um den See herum.

Am Kleinen Bodensee

Hardtwald — Tour 6

Der **Kleine Bodensee** steht seit 1985 unter Naturschutz. Baden ist nicht erlaubt. Entstanden ist der See vor rund 200 Jahren als Folge einer natürlichen Verlagerung des Rheinlaufs. Das Gebiet ist ein Paradies für Wasservögel, z. B. den Haubentaucher, und andere seltene Tier- und Pflanzenarten. Vom Radweg aus kann man über einen schmalen Waldstreifen auf den See blicken. Es gibt aber auch „Beobachtungspunkte", bei denen man direkt an den See treten kann. Es ist schon ein besonderes Gefühl, wenn man am Ufer steht, die Geräusche der Wasservögel hört und auf den See blickt – wie in einem Urwald, dabei ist man nur wenige hundert Meter von der Industriezone am Rhein entfernt.

Anschließend fahren wir Richtung Neureut (oder die kürzere Tour auf dem gleichen Weg wieder zurück nach Leopoldshafen). Von Neureut aus folgen wir der Radwegbeschilderung bis zum Karlsruher Schloss (5 km), unserem Ausgangspunkt.

EINE REGION ALS MUSEUM – UNE RÉGION-MUSÉE

**PAMINA Rheinpark –
Ein räumliches Museum zwischen
Leimersheim (D) – Eggenstein/Leopoldshafen (D)
und Drusenheim (F) – Rheinmünster/Greffern (D)**

- 850 km^2
- 10 thematische Museen
- 2 grenzüberschreitende Naturschutzzentren
- über 60 Stationen am Wegesrand
- umfassende Infrastruktur:
    - Radwegenetz / Entdeckertouren
    - 4 Fähren
    - Info- und Tourismusbüros
- typische regionale Gastronomie

 Projektkoordination PAMINA-Rheinpark
Am Schlossplatz 5, 76437 Rastatt
Tel. 07222 381-3001
E-Mail: info@pamina-rheinpark.org

www.pamina-rheinpark.org

Tour 7
Hofgut Maxau

Das Rheinufer gehört zu den Top-Naherholungsgebieten rund um Karlsruhe. Beim Hofgut Maxau gibt es für die Kinder einen tollen Spielplatz; zum Rhein hin ist eine kleine Terrasse angelegt, von der aus man die Boote und Frachter beobachten kann. Der Rheinhafen liegt nur etwa 1 km entfernt und der Blick vom Hafensperrtor ist schon etwas Besonderes. Wer möchte, kann auch mit dem Boot eine Hafenrundfahrt machen oder mit dem Schiff bis Straßburg, Speyer oder Germersheim fahren, das ist jedoch eher ein Ganztagesausflug. Ein Spaziergang rund um den Knielinger See (Naturschutzgebiet, Baden leider nicht erlaubt) ist für Naturbegeisterte genau das Richtige. Möglichkeit zum Einkehren bietet die Gaststätte „Rheinterrasse", vom Hofgut Maxau 500 m flussabwärts.

Streckenverlauf	**Variante 1:** Spaziergang 4 km
	Haltestelle Maxau – Hofgut Maxau – Rheinhafen/Tulladenkmal – Haltestelle Maxau
	Variante 2: Spaziergang oder gemütliche Fahrradtour 12 km, mit Abkürzungsmöglichkeit
	Haltestelle Maxau – Naturschutzgebiet Knielinger See – Tulladenkmal – Hofgut Maxau – Haltestelle Maxau
ÖPNV	S 5 Richtung Wörth Dorschberg bis Haltestelle Maxau
Mit dem Auto	B 10 (Südtangente) Richtung Landau, Ausfahrt 11 vor der Rheinbrücke (braunes Hinweisschild Rheinufer), Parkplatz z. B. bei der Gaststätte „Rheinterrasse"

Von der Haltestelle Maxau gehen wir die Treppe hinunter. Wer einen geruhsamen Nachmittag am Rheinufer verbringen möchte (**Variante 1**), geht dann nach rechts, wer sportlichen Ehrgeiz hat und auch die Natur um den Knielinger See genießen möchte (**Variante 2**), geht nach links. Von der Haltestelle sind es etwa 300 m zum Hofgut Maxau. Zum Rheinhafen und zum Hafensperrtor geht es von hier aus 1 km auf dem Damm rheinaufwärts. Die Schiffsanlegestelle für Besichtigungsfahrten befindet sich am Becken II.

Zum **Knielinger See** (**Variante 2**) halten wir uns zunächst links und kommen dann bald zu einer Weggabelung. Hier nehmen wir den rechten Weg, der mit Gras bewachsen ist und auf einem Damm am See entlang führt. Wer die Tour mit dem Fahrrad machen möchte, fährt geradeaus auf dem asphaltierten Weg. An dieser Weggabelung steht eine Infotafel, hier finden wir neben der Beschreibung des Naturschutzgebietes auch einen Übersichtsplan. Der lila markierte Weg, rund 10 km lang, eignet sich gut

> **TIPP**
>
> **Fahrgastschiff MS Karlsruhe**
> Fahrplanauskunft unter
> ☎ 07 21 / 5 99-7424 oder unter
> www.rheinhafen.de
> Familienkarte Hafenrundfahrt 22 €
>
> Es werden auch zahlreiche Sonderfahrten angeboten, z. B. eine Nikolausfahrt. Absolutes Highlight ist das **Hafen-Kultur-Fest**, das alljährlich am letzten Juni-Wochenende stattfindet.

Bei schönem Wetter ist am Rheinufer viel los.

Tour 7 — Hofgut Maxau

für eine Umrundung mit dem Fahrrad. Als Fußgänger folgen wir dem grasbewachsenen Dammweg etwa 2 km. Wir kommen zu einer T-Kreuzung. Links befindet sich eine gemauerte Schutzhütte. Wir gehen rechts weiter. Bald sind wir aus dem Wald und am Waldrand, links sehen wir die Karlsruher Mülldeponie mit ihren Windkrafträdern. Bei der nächsten Möglichkeit gehen wir wieder nach rechts und kommen nach kurzer Zeit zu einer weiteren Infotafel. Wir gehen an dieser vorbei geradeaus über eine kleine Holzbrücke und folgen dem Weg weiter.

Ab und zu gehen Wege rechts oder links ab, wir bleiben jedoch auf dem gekiesten Hauptweg, der immer als solcher erkennbar ist. Immer wieder eröffnet sich ein herrlicher Blick auf den See. Wir durchwandern einen sehenswerten Auenwald. Mit etwas Geduld können wir unterwegs Wasservögel beobachten. Nach 4 km kommen wir aus dem Wald auf den asphaltierten Rheinradweg. Diesem folgen wir und gelangen nach wenigen Metern zum **Tulladenkmal**.

Johann Gottfried Tulla (1770–1828) war ein badischer Ingenieur, der zu wesentlichen Teilen die Rheinbegradigung durchführte. Sein Ziel war es, den Rhein für Schiffe besser befahrbar zu machen, die Siedlungsflächen vor Überflutungen zu schützen und Ackerland zu gewinnen. Durch Kanäle, sogenannte Durchstiche, wurden Flussschlingen vom Hauptfluss abgetrennt und das Flussbett wurde eingeengt. Man errichtete Dämme zum Schutz vor Überschwemmungen. Die Rheinbegradigung hatte aber auch negative Folgen, sowohl für die ansässigen Fischer als auch für die Natur in der Umgebung. Durch die erhöhte Fließgeschwindigkeit schleifte das Wasser große Mengen Kies über den Grund und verursachte damit eine Tiefenerosion. Das Flussbett vertiefte sich stellenweise um bis zu 10 m, was wiederum bewirkte, dass der Grundwasserspiegel sank. Manch ein Dorf musste seinen Brunnen, der zur Wasserversorgung diente, tiefer graben. Einzelne Auenwälder wurden buchstäblich trockengelegt und starben ab. Einen Eindruck von der ursprünglichen Naturlandschaft bekommt man in den Rheinauen am Altrhein.

Lohnendes Ausflugsziel: Spielplatz am Hofgut Maxau

Weiter geht es zum **Hofgut Maxau**. Wie wäre es mit einem Picknick am Rheinufer? Am Hof gibt es nicht nur einen fantasievoll gestalteten Spielplatz. In der Scheune ist auch das Knielinger Museum, ein kleines, aber interessantes Heimatmuseum, untergebracht.

TIPP

Knielinger Museum
Juni–Sept, So 14–17 Uhr
1 €, Kinder frei

Knielinger Museumsfest
www.museum.knielingen.de

Tour 8
Wasser, Wasser, Wasser – erfrischende Rheinradtour

Diese Tour wird Ihnen gefallen! Sie ist sehr abwechslungsreich, mit vielen guten Rast- und Bademöglichkeiten. Am Rhein entlang geht es zunächst zum Museumsschiff bei Neuburg und dann zum Neuburger Baggersee – ein absolut empfehlenswerter Badesee! Weiter dann mit der Fähre über den Rhein nach Neuburgweier, auch der dort gelegene Fermasee ist ein sehr schöner und beliebter Badesee. Direkt an der Fähranlegestelle gibt es eine gute Einkehrmöglichkeit. Weiter geht es Richtung Rappenwört, hier eine sehr schöne Bademöglichkeit im Rheinstrandbad. Weiter dann zum Rheinhafen und zum Hafensperrtor. Die Aussicht vom Hafensperrtor auf den Rheinhafen und das Kraftwerk ist faszinierend und hat ihren ganz eigenen Charme. Schließlich geht es am Hofgut Maxau vorbei – hier gibt es einen tollen Spielplatz (▶ S. 38) – zurück zum Ausgangspunkt.

Streckenverlauf	Maximiliansau – Neuburg – Neuburgweier – Rappenwört – Hofgut Maxau – Maximiliansau
Länge	25 km
ÖPNV	S 5 bis Haltestelle Maximiliansau Eisenbahnstraße, dann Richtung Rhein
Mit dem Auto	B 10 (Südtangente) Richtung Maximiliansau, erste Ausfahrt nach der Rheinbrücke. Unter der Brücke gibt es viele Parkplätze.
Informationen	**Rheinaue-Museum** Mai–Okt, jeden 1. So im Monat von 14–17 Uhr **Rheinfähre Neuburg** Febr–Okt, 2 € pro Fahrrad www.rheinfaehre-neuburg.de

Ab der Rheinbrücke folgen wir dem Fahrradweg Richtung Neuburg. Wir kommen am Goldgrund vorbei, einer Rheinauenlandschaft und Naturschutzgebiet. Früher hat man am Rhein tatsächlich Gold gewaschen und gefunden, wenngleich auch nur in geringen Mengen. Kurz bevor wir nach Neuburg kommen, geht es links ab zum Museumsschiff „Lautermuschel". Das Schiff, idyllisch an der Lautermündung gelegen, beherbergt ein Schifffahrtmuseum und eine kleine Gaststätte. Im Museum sehen

> ### 💡 TIPP
>
> **Schifffahrtmuseum**
> Museumsschiff „Lautermuschel"
> Mai–Okt. jeden 1. So im Monat
> 13–17 Uhr
>
> **Gaststätte Lautermuschel**
> tägl. ab 10 Uhr
> (Okt–April Mo Ruhetag)

Rheinaue-Museum Neuburg

wir liebevoll zusammengetragene Erinnerungsstücke und Alltagsgegenstände aus der Zeit der Rheinschifffahrt Anfang des 20. Jahrhunderts. Hier kann man gut eine kleine Rast einlegen. Weiter geht es nach **Neuburg**, wo wir an der Kreuzung rechts in die Hauptstraße abbiegen. Wir kommen am Rheinaue-Museum vorbei, das die Geschichte Neuburgs dokumentiert. Nun der Straße 1 km folgen, dann in die Bahnhofstraße und weiter in die Gartenstraße abbiegen und wir kommen zum See. Der See ist frei zugänglich, sehr sauber, mit kleinem Sandstrand, Kiosk, Umkleidekabinen, Toiletten und Volleyballfeld. Zurück durch Neuburg zur Rheinstraße folgen wir den Schildern zur Fähre. Mit der Fähre geht es auf die andere Rheinseite nach **Neuburgweier**. Hier weitere gute Einkehrmöglichkeit im „Zollhaus", einer Gaststätte mit Biergarten und kleinem Spielplatz. Nach einer Stärkung geht es am Rhein entlang weiter nach **Rappenwört**. Wir kommen am Rheinstrandbad vorbei (▶ S. 46, 124), das bei den Karlsruhern sehr beliebt ist. Nun folgen wir den Schildern Richtung Hafensperrtor und fahren um das Kraftwerk herum. Falls Sie mit einem Fahrradanhänger unterwegs sind, ist die Strecke über das Sperrtor ungeeignet, eine Alternativstrecke ist ausgeschildert. Am Hafenbecken entlang geht es zurück zum Rhein und weiter auf dem Radweg. Nun ist es nicht mehr weit zum Hofgut Maxau (▶ S. 38). Wir kommen wieder zur Rheinbrücke, über die ein Fahrradweg zurück zum Ausgangspunkt nach Maximiliansau führt – oder wir steigen bereits an der Haltestelle Maxau in die S 5.

Blick über den Rhein auf das Rheinhafen-Dampfkraftwerk ▶

Rheinradtour   Tour 8

Tour 9
Kultbad am Rhein – Rheinstrandbad Rappenwört

Abwechslungsreicher Tagesausflug nach Rappenwört mit einem Schwerpunkt auf Spiel und Spaß. Es gibt auf dieser Tour jedoch auch viel Interessantes über die Natur und den Naturschutz rund um den Rhein zu erfahren. Die Anfahrt mit dem Auto ist bis zum Rheinstrandbad möglich (Parkmöglichkeit). Es empfiehlt sich aber gerade an heißen Sommertagen mit der Straßenbahn oder dem Fahrrad zu fahren, da die Parkplätze dann meist knapp sind.

Streckenverlauf	Altrheinauen Rappenwört – Wildgehege – Naturschutzzentrum Karlsruhe-Rappenwört – Rheinstrandbad
Länge	Spaziergang 2,5 km
ÖPNV	Linie 6 bis Haltestelle Daxlanden Altrheinbrücke
Mit dem Fahrrad	Karlsruhe Marktplatz – Europaplatz – Waldstraße – Sophienstraße – Schillerstraße – Weinbrennerplatz – Günther-Klotz-Anlage – an der Alb entlang – Daxlander Straße – Radweg von Daxlanden zum Rhein (ausgeschildert) 10 km
Informationen	**Naturschutzzentrum Karlsruhe** ☎ 07 21 / 95 04 70 www.naturschutzzentren-bw.de April–Sept Di–Fr 12–18 Uhr, Sa–So 11–18 Uhr Okt–März Di–Fr 12–17 Uhr, Sa–So 11–17 Uhr Eintritt frei **Rheinstrandbad** während der Saison tägl. 9–20 Uhr 3,80 €, erm. 2,50 €

Von der Haltestelle Altrheinbrücke aus überqueren wir die Straße und gehen 150 m in Fahrtrichtung weiter, bis wir linker Hand einen kleinen Parkplatz sehen. Hier biegen wir links ab und halten uns dann rechts. Der Weg ist mit einem

Naturschutzzentrum Karlsruhe in Rappenwört

roten Balken auf weißem Grund (Odenwald-Vogesen-Weitwanderweg) gekennzeichnet. Nach einem knappen Kilometer sehen wir ein Hinweisschild „Naturschutzzentrum Karlsruhe". Dort biegen wir rechts ab, gehen am Wildschweingehege entlang und dann wieder rechts. Hier befindet sich das Naturschutzzentrum. In dem denkmalgeschützten Gebäude im Bauhausstil befindet sich ein Museum. Die Dauerausstellung informiert über den Rhein und die Rheinauen aus geologischer und ökologischer Sicht. Im Untergeschoss befindet sich ein Kinder- und Familienraum, in dem allerlei ausprobiert und

TIPP

Das Naturschutzzentrum bietet allerlei Ausflüge und Veranstaltungen für Kinder an. Aktuelle Angebote unter www.nazka.de.

gespielt werden kann. Vor dem Naturschutzzentrum beginnt auch der Walderlebnispfad. Hier wird an einzelnen Stationen Interessantes und Spannendes zum Naturraum Wald geboten, z. B. ein Baumerkennungsspiel, ein Barfußpfad oder ein Xylofon. Vom Naturschutzzentrum aus folgen wir dem asphaltierten Hauptweg, vorbei an den Dam- und Rotwildgehegen, bis wir wieder zur Straßenbahn kommen, hier geht es dann links. Nach etwa 500 m kommen wir zum Rheinstrandbad. Wer hungrig ist, findet links vom Bad verschiedene Einkehrmöglichkeiten, kleine Gaststätten, die von den ansässigen Vereinen betrieben werden.

Viel und gern besuchtes Rheinstrandbad

Das Rheinstrandbad gleicht einer weitläufigen Parkanlage. Es gibt eine riesige Liegewiese, verschiedene Sport- und Spielmöglichkeiten, einen Minigolfparcours, diverse Kioske, einen Kleinkindbereich, ein Wellenbecken und verschiedene Rutschen. Man sollte also genug Zeit einplanen, um in Ruhe alles auszuprobieren, Schiffe auf dem vorbeifließenden Rhein zu beobachten, eine Runde Tischtennis zu spielen oder einfach in der Sonne zu dösen. In der Ferienzeit bei schönem Wetter hat der „Container" der Stadtbibliothek geöffnet. Hier können sich die Kinder Bücher, Zeitschriften oder Spiele ausleihen, diese müssen allerdings bis 18 Uhr wieder zurückgebracht werden.

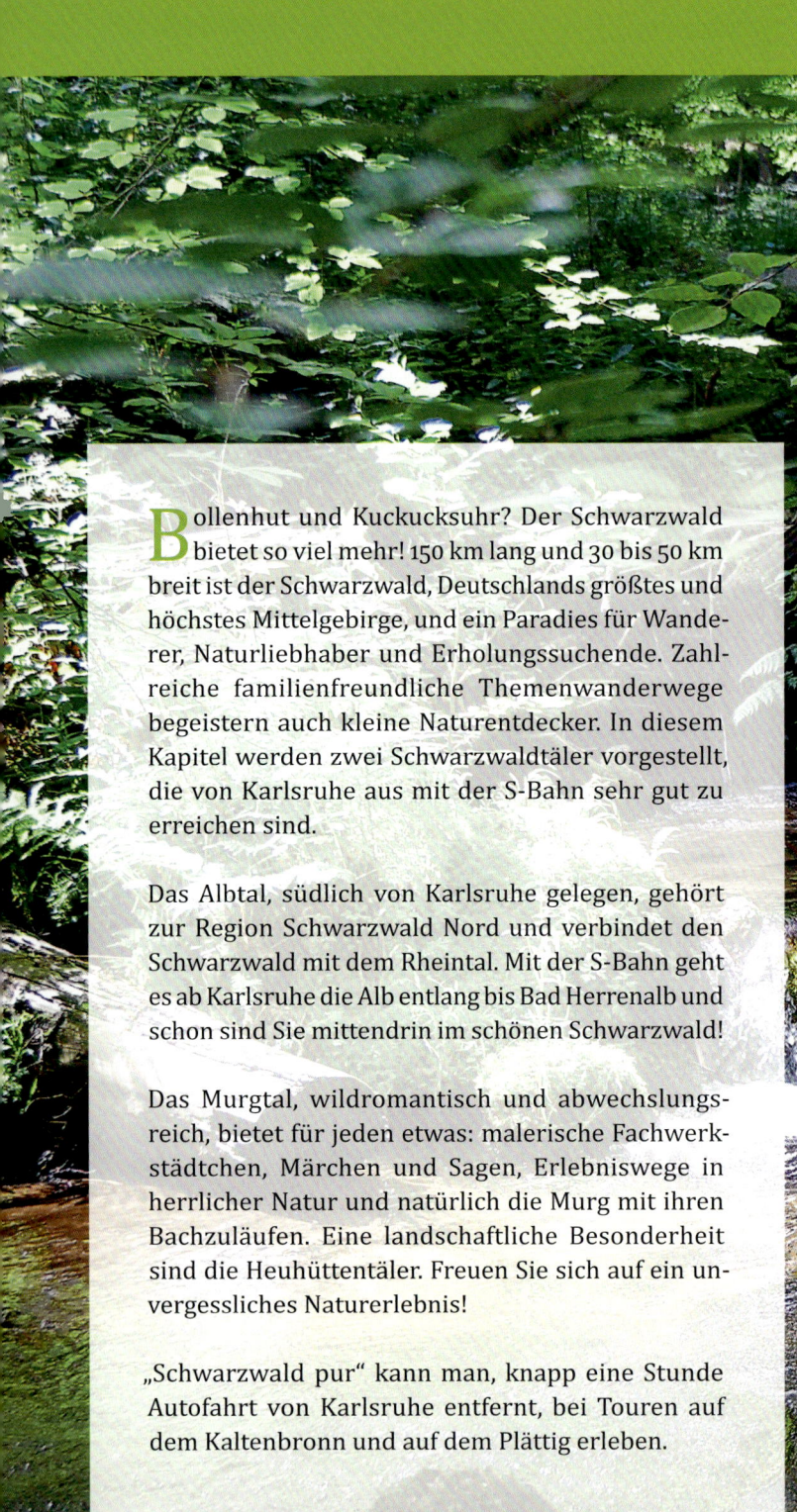

Bollenhut und Kuckucksuhr? Der Schwarzwald bietet so viel mehr! 150 km lang und 30 bis 50 km breit ist der Schwarzwald, Deutschlands größtes und höchstes Mittelgebirge, und ein Paradies für Wanderer, Naturliebhaber und Erholungssuchende. Zahlreiche familienfreundliche Themenwanderwege begeistern auch kleine Naturentdecker. In diesem Kapitel werden zwei Schwarzwaldtäler vorgestellt, die von Karlsruhe aus mit der S-Bahn sehr gut zu erreichen sind.

Das Albtal, südlich von Karlsruhe gelegen, gehört zur Region Schwarzwald Nord und verbindet den Schwarzwald mit dem Rheintal. Mit der S-Bahn geht es ab Karlsruhe die Alb entlang bis Bad Herrenalb und schon sind Sie mittendrin im schönen Schwarzwald!

Das Murgtal, wildromantisch und abwechslungsreich, bietet für jeden etwas: malerische Fachwerkstädtchen, Märchen und Sagen, Erlebniswege in herrlicher Natur und natürlich die Murg mit ihren Bachzuläufen. Eine landschaftliche Besonderheit sind die Heuhüttentäler. Freuen Sie sich auf ein unvergessliches Naturerlebnis!

„Schwarzwald pur" kann man, knapp eine Stunde Autofahrt von Karlsruhe entfernt, bei Touren auf dem Kaltenbronn und auf dem Plättig erleben.

Tour 10
Ausflug nach Ettlingen – Stadt im Grünen

Verkehrstechnisch sehr gut an Karlsruhe angebunden liegt die Stadt Ettlingen direkt an der Alb und am Rand des Schwarzwalds. Die wunderschöne Altstadt mit ihren malerischen Fachwerkhäusern und Cafés lädt zum Bummeln ein. Im Ettlinger Schloss kann man in der Ausstellung zur Stadt- und Schlossgeschichte allerlei Interessantes erfahren. Im Sommer finden die vielbesuchten Schlossfestspiele statt, die immer auch ein populäres Kinderprogamm bieten (z. B. „Ritter Rost" oder „Pippi Langstrumpf"). Das Museum im Lauerturm zeigt Alltagsgegenstände aus früherer Zeit. Die Kinder erhalten dort einen Eindruck vom bäuerlichen Leben der Vorfahren. Aber vor allem ist es schön einfach, durch die gemütlichen, verwinkelten Gassen der Altstadt zu spazieren!

Der Panoramaweg (2,5 km) ist aussichtsreich und interessant. An 17 Stationen erfahren Sie Wissenswertes rund um Ettlingen. Und zum Schluss vielleicht ein Sprung ins kühle Nass: Das Albgaubad bietet gerade für Kinder jede Menge Spaß und Action.

Streckenverlauf	Ettlinger Altstadt – Panoramaweg – Bismarckturm – Ettlingen
Länge	4 km
ÖPNV	S 1/S 11 bis Ettlingen Stadt
Informationen	**Stadtführungen** werden von der Stadtinformation Ettlingen (im Schloss) angeboten. Jun–Sept, jeden 1. Sonntag im Monat 15 Uhr, 3 € Treffpunkt: Museumsshop im Schloss
	Ettlinger Schloss Mi–So 11–18 Uhr 2,50 €, erm. 1,50 €, Kinder bis 12 J. frei, Fr ab 13 Uhr Eintritt frei
	Albgaubad (▶ S. 125) Di–Do 10–22 Uhr, Fr 8–22 Uhr, Sa–So 10–19 Uhr 4,50 €, Kinder ab 4 J. 2,50 €

Ettlingen — Tour 10

Wir steigen an der Haltestelle Ettlingen Stadt aus und gehen die Bahnschienen ein Stück zurück (Thiebauthstraße), queren den Drachenrebenweg und kommen zur **Stadtbibliothek**. Das hübsche Gebäude diente früher als Exerzierhalle der großherzoglich-badischen Unteroffizierschule, die im Ettlinger Schloss untergebracht war. Hinter dem Gebäude befindet sich ein Rosengarten, der im Mai und Juni besonders schön ist. Rechter Hand, hinter der Mauer ist ein kleiner Apothekergarten angelegt, den man durch eine schmiedeeiserne Tür betreten kann. Wir durchqueren den kleinen Park und kommen zum **Ettlinger Schloss**.

Der Rosengarten wurde im Rahmen der Landesgartenschau 1988 angelegt.

> Der Turm aus rohem Stein, den man im Hof des **Ettlinger Schlosses** sehen kann, ist eine Erinnerung an die ursprüngliche mittelalterliche Burg, die an dieser Stelle stand. Im Sommer finden im Schlosshof die Schlossfestspiele statt. Im Rahmen der Festspiele gibt es ein spezielles Kinderprogramm. Die Kinderstücke werden normalerweise im Watthaldenpark gezeigt. Im Schloss selbst gibt es eine Ausstellung zur Stadtgeschichte, eine Kunstgalerie mit regionaler moderner Kunst und eine Ausstellung zur Schlossgeschichte. Kreativ werden können die Kinder in der Kinderkunstschule, einem Angebot des Museums.

Wir überqueren den Schlosshof und kommen zum Narrenbrunnen (im Café am Platz gibt es gutes Eis!). Weiter die Marktstraße entlang kommen wir zum Marktplatz, dem

TIPP

Jeden Samstag und Sonntag um 16 Uhr gibt es eine Schlossführung (3 €)
www.ettlingen.de/,Lde/startseite/Kultur/Kinder+im+Museum.html

Tour 10 — Ettlingen

Blick auf das Albwehr und die Ettlinger Altstadt

Georgsbrunnen (der heilige Georg wurde im Süddeutschen oft als Schutzpatron für Markt- und Stadtrecht verehrt) und zum **Ettlinger Rathaus**. Ettlingen wurde 1689 im Pfälzischen Erbfolgekrieg von den französischen Truppen völlig zerstört. Das Rathaus wurde erst im 18. Jahrhundert im Barockstil erbaut, ist also für Ettlinger Verhältnisse „relativ" neu. Wenn wir vor dem Rathaus stehen, befindet sich rechts die Martinskirche, eines der ältesten Gebäude Ettlingens. Unter der Kirche gibt es bauliche Überreste eines römischen Bades, die im Rahmen einer Führung besichtigt werden können. Wir gehen rechts am Rathaus durch den Torbogen über die Alb. Auf der Rathausbrücke sehen wir rechts den böhmischen Brückenheiligen Nepomuk.

> **Johannes Nepomuk** war Priester in Prag. Der Legende nach wollte er das Beichtgeheimnis der Königin nicht brechen, der König aber wollte unbedingt erfahren, was die Königin Nepomuk in der Beichte anvertraut hatte, und so ließ der König ihn foltern und anschließend von der Karlsbrücke in die Moldau werfen. Seine Lebensgeschichte ist als Deckengemälde im Asamsaal des Ettlinger Schlosses dargestellt. Diese Glaubenstradition kam wohl mit Sibylla Augusta nach Ettlingen. Die Markgräfin von Baden-Baden und Bauherrin von Schloss Favorite Rastatt und dem Ettlinger Schloss hatte böhmische Wurzeln.

Auf der Rathausbrücke sehen wir links in die Ostwand des Rathauses eingemauert den Neptunstein. Dieser stammt aus römischer Zeit, vermutlich aus dem 3. Jahrhundert. Nach der Brücke gehen wir links ein Stück die Albstraße entlang und biegen dann rechts in die Lauergasse. Die Gasse führt an der Stadtmauer entlang und macht dann einen Knick nach rechts. Dort befinden sich das Museum am Lauerturm und das urige Lauerturmstüble. Zum Museum geht es über den malerischen Innenhof die Stiege hinauf. Wir gehen den überdachten Wehrgang entlang bis zum Turm, hinter

> 💡 **TIPP**
>
> **Museum am Lauerturm**
> So 14–17 Uhr (Juni–Sept),
> Eintritt frei
>
> **Lauerturmstüble**
> Di–Sa ab 17 Uhr
> Hauptgerichte ab 12 €, Vesper ab 5 €

dem der Gang weiter bis zum Museumseingang führt. Zu sehen sind Alltags- und Gebrauchsgegenstände aus dem bäuerlichen Leben um 1900. Der Lauerturm ist das Wahrzeichen Ettlingens. Übrigens kommt „Lauer-" nicht von lauern oder auflauern, sondern von „louern", einem Begriff aus dem Gerbergewerbe, der

Tour 10 — Ettlingen

An heißen Sommertagen schön schattig – Spielplatz im Watthaldenpark

das Einweichen des groben Leders in Lauge vor der Weiterverarbeitung bezeichnete. Die Gerber waren in diesem Teil Ettlingens ansässig.

Weiter geht es die Lauergasse entlang bis zur Kronenstraße, hier gehen wir rechts. Die Kronenstraße ist neben der Leopoldstraße die „Bummelmeile" Ettlingens. Wir kommen zurück zur Rathausbrücke und biegen vor der Brücke links ab. Jetzt geht es immer an der Alb entlang. Nach 200 m sehen wir links einen netten kleinen Spielplatz. Folgen wir links dem Kiesweg, kommen wir zu weiteren Spielgeräten. Wir queren die Friedrichstraße und gehen die Albstraße weiter bis zur Pforzheimer Straße. Schräg über die Straße liegt der Watthaldenpark, ein netter kleiner Park mit Spielwiese, Ententeich und einem schönen Spielplatz – eine gute Picknickmöglichkeit!

Ettlingen Tour 10

Vom Weißen Häusle aus hat man eine tolle Aussicht auf Ettlingen und die Rheinebene.

Wir gehen weiter links am Park entlang die Parkstraße bergauf. An der Kreuzung können wir entweder die Treppe nehmen oder nach rechts die nicht ganz so steile Friedensstraße/Bodelschwinghstraße hochlaufen. Dort führt uns der Treppenweg weiter nach oben, bis wir nach 150 m zum alten Wasserreservoir kommen. Hier finden wir eine Übersichtskarte des **Panoramawegs**. Wir gehen rechts und folgen der Beschilderung. Der Weg ist für Kinderwagen stellenweise eher ungeeignet. Highlight ist neben dem Weißen Häusle der Bismarckturm. Von hier hat man eine herrliche Aussicht auf die Rheinebene. Wenn wir den Wald wieder verlassen, kommen wir zu einem Parkplatz mit Wanderkarte. Hier am besten links den Vogelsangweg entlang, dann entweder zurück in die Altstadt oder am Watthaldenpark vorbei zum Albgaubad (Luisenstraße) oder zur S-Bahn-Haltestelle Albgaubad.

Tour 11
Altes und Neues – von Bad Herrenalb nach Marxzell

Einfache Wanderung durch das schöne Albtal. Beeindruckend ist die Klosterruine Frauenalb. Faszinierend auch das Fahrzeugmuseum in Marxzell – ein wirklich außergewöhnliches Museum! Sowohl in Frauenalb als auch in Marxzell kann man einkehren. Der Klosterpfad, der als Themenweg angelegt ist, führt u. a. auf dem Graf-Rhena-Weg links der Alb. Man erfährt allerlei Wissenswertes rund um die Klöster Herrenalb und Frauenalb und die badische und württembergische Geschichte. Im Sommer schön kühl, führt der Weg die meiste Zeit durch den Wald. Aber auch zu anderen Jahreszeiten ist diese Tour ein schönes Natur-Kultur-Erlebnis. Die Strecke ist auch als gemütliche Fahrradtour gut zu machen.

Streckenverlauf	Bad Herrenalb – Klosterpfad – Kloster Frauenalb – Marxzell/Fahrzeugmuseum
Länge	14 km, Bad Herrenalb bis Frauenalb 5 km
ÖPNV	S 1 ab Karlsruhe bis Bad Herrenalb Bahnhof
Mit dem Auto	Bei der Autobahn-Anschlussstelle Karlsruhe-Süd auf die B 3 Richtung Bad Herrenalb. In Bad Herrenalb Richtung Therme abbiegen, dort kann man auch kostenlos parken. Wer das Kloster Herrenalb besichtigen möchte, kann am Rathaus parken (kostenpflichtig). Von dort aus sind es nur wenige Schritte bis zum Kloster. Im Rathaus befindet sich auch die Touristeninformation.

Vom Bahnhof aus gehen wir zunächst Richtung Therme. Links am Thermalbad vorbei führt der Weg immer an der Alb entlang, bis wir zur Bernbacher Straße kommen, hier links halten und der Straße etwa 500 m folgen. Nach dem letzten Haus auf der rechten Seite geht rechts ein markierter Weg hoch in den Wald. Wir folgen der Beschilderung bis **Frauenalb**.

Bad Herrenalb/Marxzell — Tour 11

Das **Kloster Frauenalb**, eine Stiftung von Eberhard III. von Eberstein und dessen Mutter Uta (1180/85), war einst eine prächtige benediktinische Klosteranlage. Der ursprünglich gotische Bau brannte 1508 zu großen Teilen nieder. Auch von den Bauernkriegen blieb die Anlage nicht verschont. Doch dem Kloster gehörten zahlreiche Ländereien und Besitztümer und so gelang es immer wieder, das Kloster neu aufzubauen. Ende des 16. Jahrhunderts bezog das Kloster Einkünfte aus fast 50 Dörfern. Neben einer Mühle, einem Gasthaus, Stallungen und einer Ziegelhütte gehörte auch eine Badestube zum Kloster, die allerdings nicht öfter als zwei bis drei Mal im Jahr von den Klosterfrauen genutzt wurde. Bis zu 30 Stiftsdamen wohnten hier, allesamt aus adeligen Familien. Viele von ihnen kamen schon in jugendlichem Alter nach Frauenalb. Die doppeltürmige Klosterkirche, die wir heute noch als beeindruckende Ruine sehen können, entstand Mitte des 18. Jahrhunderts. 1803 wurde das Kloster aufgehoben, die Anlage diente anschließend zunächst als Militärlazarett. 1819 wurde sie verkauft und als Produktionsstätte und Fabrik genutzt. Ganze vier Mal brach dort ein Feuer aus. Nachdem die Fabriken aufgelöst wurden, war von dem Kloster nur noch eine ausgebrannte Ruine übrig. Heute gehört es einer Stiftung, die sich Pflege und Erhalt der Anlage zum Ziel gesetzt hat. Im Sommer finden hier Konzerte und kulturelle Veranstaltungen statt.

Tour 11 — Bad Herrenalb/Marxzell

> **TIPP**
>
> Die **Frauenalber Klostertage** finden seit 1986 alljährlich im August statt. Neben verschiedenen Veranstaltungen und historischen Vorführungen kann man auch Klosterführungen mitmachen.
>
> www.klostertage.de

Der Weg nach **Marxzell** führt vor dem Brunnen links hoch und dann bei der Gabelung wieder links (ausgeschildert). Wer möchte, kann auch ab Frauenalb bis Marxzell mit der S-Bahn fahren. Die Haltestelle befindet sich rechts der Alb auf der anderen Talseite. In Marxzell gehen wir rechts und kommen so direkt zum **Fahrzeugmuseum**.

Bad Herrenalb/Marxzell — Tour 11

Das **Fahrzeugmuseum**, mit viel Fantasie und Enthusiasmus von der Familie Reichert betrieben, bietet viel Kurioses, nicht nur zur Fahrzeuggeschichte. Das sympathische und für Kinder absolut faszinierende „Chaos" lädt zu einer Entdeckungstour ein. Neben Autos aus den Anfangstagen des Automobilbaus bis zur Gegenwart, Motorrädern, Fahrrädern und Kutschen gibt es allerlei technische Geräte und historische Raritäten zu bestaunen. Auf Anfrage kann man auch einen Film auf einem originalen alten 16-mm-Filmprojektor sehen.

TIPP

Fahrzeugmuseum Marxzell
tägl. 14–17 Uhr
5 €, Kinder ab 6 J. 3 €
www.fahrzeugmuseum-marxzell.de

Wer gerne noch ein Stück wandern oder mit dem Fahrrad fahren möchte, kann weiter dem Graf-Rhena-Weg folgen bis Fischweier oder Busenbach (S-Bahn-Haltestellen). Die Strecke ist schön und einfach zu gehen und zu fahren. In Fischweier an der S-Bahn-Haltestelle gibt es eine gut besuchte kleine Imbissbude, im Frühsommer auch ein Erdbeerhäuschen, wo man frische Erdbeeren aus der Region kaufen kann.

Fahrzeuggeschichte zum Anfassen im Museum Marxzell

Tour 12
Schönes Albtal – Quellenerlebnispfad

Der Quellenerlebnispfad führt uns durch den oberen Teil des Albtals. Anhand der 16 Infotafeln erfährt man Interessantes zum Thema Wasser und Quellen. Die Tour führt durch ein landschaftlich ausgesprochen schönes Naturschutzgebiet.

Streckenverlauf	Bad Herrenalb Bahnhof – Kloster – Quellenerlebnispfad – Plotzsägmühle – Bushaltestelle Gaistal/Spechtschmiede
Länge	4,5 km
Rückweg	Wenn man nach Bad Herrenalb zurücklaufen möchte, gibt es zwei schöne Möglichkeiten:
	Variante 1: Plotzsägmühle – Forstweg – Jagdhaus – Quellenerlebnispfad – Bad Herrenalb 7 km
	Variante 2: Plotzsägmühle – Talwiese – Hirschwinkelhütte – Wurstberg – Bad Herrenalb 10 km
ÖPNV	S 1 bis Bad Herrenalb Bahnhof
	Tipp: Mit der Dampflok von Karlsruhe bis Bad Herrenalb. Da wird schon die Fahrt zu einem Erlebnis: www.uef-dampf.de
Mit dem Auto	Bei der Autobahn-Anschlussstelle Karlsruhe-Süd auf die B 3 Richtung Bad Herrenalb. In Bad Herrenalb entweder am Bahnhof parken oder bis zum zweiten Kreisverkehr, dort Richtung Dobel abbiegen, dann nach 25 m rechts Richtung Gaistal und die nächste Straße wieder rechts. Den Schildern „Waldparkplatz", bzw. der Straße folgen. Vom Waldparkplatz aus führt eine Treppe direkt hinunter zum Quellenerlebnispfad.
Informationen	**Tipp:** Wer möchte, kann sich beim Tourismusbüro einen Bollerwagen mieten (Kosten ca. 5 €)
	Infos zu Bad Herrenalb: www.badherrenalb.de
	Infos zum schönen Albtal unter www.albtal.info

Quellenerlebnispfad — Tour 12

Vom Bahnhof aus gehen wir die Bahnhofsstraße entlang vorbei am Minigolfplatz bis zur Ettlinger Straße. Diese queren wir und gehen über den Parkplatz und durch den Kurpark Richtung Zentrum. Am Ende des Kurparks queren wir die Dobler Straße und gehen Richtung Rathaus. Dort befindet sich neben dem Rathausbogen das Tourismusbüro, in dem man z. B. auch einen Busfahrplan bekommen kann, wenn man von der Plotzsägmühle nicht zurücklaufen möchte. Wir gehen durch den Rathausbogen und sehen linker Hand die **Klosterruine** und die evangelische Kirche. Hinter der Kirche befindet sich ein schöner Spielplatz.

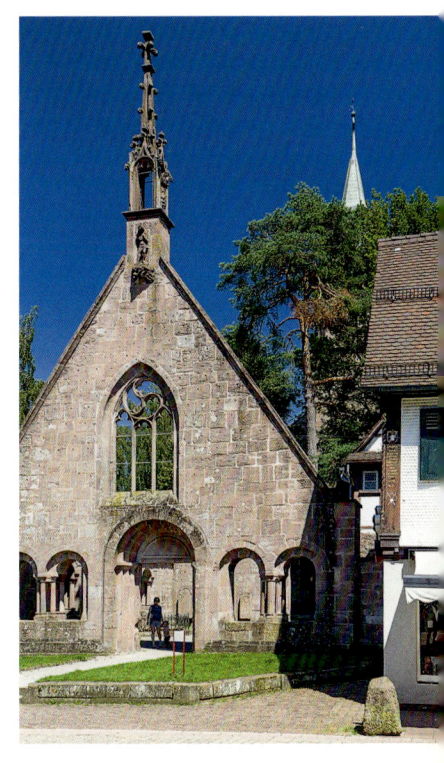

Von der einstigen Klosteranlage sind nur noch wenige Gebäude erhalten.

Das Zisterzienserkloster **Bad Herrenalb**, eine Stiftung (1149) von Berthold IV. von Eberstein und dessen Gemahlin Uta, war im 14. und 15. Jahrhundert bedeutender wirtschaftlicher Mittelpunkt der Region. Zu dem Kloster gehörten zahlreiche Ländereien (u. a. in den Gemeinden Malsch, Ottersweier, Oberderdingen, Vaihingen an der Enz und Merklingen). In der Zeit der Bauernkriege wurde das Kloster (1525) zu großen Teilen zerstört. Nachdem Herzog Christoph von Württemberg in seinem Land die Reformation eingeführt hatte, mussten die Mönche das Kloster verlassen. Es wurde eine evangelische Klosterschule eingerichtet. Rund um das Kloster finden das ganze Jahr über zahlreiche Veranstaltungen statt. Für Familien mit Kindern sind besonders das alljährlich am 1. Augustwochenende stattfindende Klosterfest und der Adventsmarkt (meist 2. Adventswochenende) interessant.

Tour 12 — Quellenerlebnispfad

> **TIPP**
>
> Wer sich vor der Wanderung noch einmal stärken möchte, geht vor dem Gasthof Klosterscheuer links, der Klosterstraße folgend. Am Ende der Fußgängerzone befindet sich ein Café, das sehr leckeres Eis aus eigener Herstellung, teilweise sehr kreative Sorten, anbietet.

Wir folgen der Klosterstraße und gehen geradeaus einen schmalen Weg am Gasthof Klosterscheuer vorbei. Nach wenigen Metern stehen wir vor einer kleinen Treppe. Hier sehen wir bereits das erste Hinweisschild zum **Quellenerlebnispfad**. Wir steigen die Treppe hinauf und folgen den Schildern am Friedhof vorbei. Hinter dem Friedhof beginnt der Themenweg, dem wir folgen, die Alb rechter Hand. Nach 1 km kommen wir zur Härtwig-Hütte. Hier gibt es eine gute Rastmöglichkeit, einen Brunnen und ein kleines Wasserrad. Wenn man dem Weg schräg gegenüber folgt, kommt man zur Alb, wo sich die Kinder z. B. beim Staudammbauen austoben können.

Rast an der Härtwig-Hütte

Quellenerlebnispfad — Tour 12

Die **Alb** ist ein romantischer kleiner Fluss, der oberhalb von Herrenalb entspringt und nach rund 50 km in den Rhein mündet. Sie fließt am Kloster Herrenalb und am Kloster Frauenalb vorbei durch das schöne **Albtal**, weiter durch die bezaubernde Altstadt von Ettlingen mit ihren hübschen Fachwerkhäusern und gemütlichen Cafés und dann quer durch Karlsruhe bis zum Rheinhafen. Bis ins 18. Jahrhundert war die Alb von großer wirtschaftlicher Bedeutung für die Flößerei und den Holzhandel, die Mühlenwirtschaft, das Gerber- und Färbergewerbe und die Wasserversorgung. So transportierte man vor allem Brennholz aus den Wäldern nach Ettlingen und Karlsruhe, betrieb Sägemühlen und handelte mit Brettern. Als ein äußerst beliebtes Ausflugsziel bietet die Alb vielfältige Möglichkeiten für Fahrradtouren, Wanderungen und Spaziergänge. Die zahlreich vorhandenen Spielplätze machen die Wege für Familien mit Kindern besonders attraktiv.

Zurück zum Quellenerlebnispfad folgen wir dem Weg etwa 1,5 km. Das Tal wird jetzt schroffer und felsiger. Hier beginnt der sogenannte Bannwald, ein Stück Natur, das sich selbst überlassen ist. Wir durchwandern das malerische Tal, bis wir nach weiteren 1,5 km zur **Plotzsägmühle** kommen. Hier kann man einkehren, allerdings hat die einfache Gaststätte ihren sehr eigenen Charme, der vielleicht nicht jedermanns Sache ist. Weitere

Tour 12 — Quellenerlebnispfad

Einkehrmöglichkeit an der Talwiese (vor der Plotzsägmühle links steil den Berg hoch, Straße queren, weiter steil den Berg hinauf und dann rechts). Wer möchte, kann ab der Talwiese mit dem Bus zurück nach Bad Herrenalb fahren. Die nächste Haltestelle **Gaistal/Spechtschmiede** befindet sich vor der Plotzsägmühle links steil den Berg hoch. Wer weiterwandern will, kann entweder an der Plotzsägmühle vorbei den zweiten Waldweg rechts (als Forstweg ausgezeichnet, für Fahrzeuge gesperrt) nehmen und geht dann vor dem Jagdhaus gleich vor dem Zaun rechts einen schmalen Pfad entlang (blaue Raute) zur Alb. Dann geht es über eine kleine Holzbrücke und nach wenigen Metern ist man wieder auf dem Quellenerlebnispfad, auf Höhe der Härtwig-Hütte (**Variante 1**). Oder wir wandern weiter auf die Talwiese und an der Bushaltestelle (Holzhäuschen) den Feldweg am Waldrand entlang steil bergab bis zur Hirschwinkelhütte. Hinter der Hütte rechts halten und dem Weg bis Bad Herrenalb folgen (**Variante 2**). Beide Wege sind nicht für Kinderwagen geeignet.

> **TIPP**
>
> Rund um Bad Herrenalb gibt es eine Vielzahl von schönen Wandermöglichkeiten. Für Familien mit Kindern besonders empfehlenswert ist der Dobeltalweg (3 km), ein Natur-Themenweg mit Wissens- und Erlebnisstationen, sowie der Klosterpfad (▶ S. 58). Eine weitere Wandermöglichkeit ist der Weg von der Talwiese/Bad Herrenalb zum Albursprung und dann zur Plotzsägmühle.

Tour 13
Von Engeln und Teufeln – Gernsbacher Sagenweg

Der Schwarzwald in früherer Zeit war einerseits Lebensgrundlage für seine Bewohner, andererseits geheimnisvoll und auch gefährlich. Er inspirierte die Menschen zu ihren Geschichten, von denen uns einige überliefert sind. Die wohl bekannteste, „Das kalte Herz", niedergeschrieben von Wilhelm Hauff, stammt nachweislich aus dem Murgtal. Es ranken sich aber noch viele weitere Sagen und Geschichten um das Tal, um die Ebersteinburg, die Wälder, Felsen und Steilhänge zu beiden Seiten der Murg. Die Stadt Gernsbach hat einen interessanten Themenweg angelegt, der an fünf Stationen Einblicke in die Sagenwelt rund um die malerische Stadt an der Murg bietet. Auf schmalem Pfad geht es hoch zur Ebersteinburg. Der Weg ist abwechslungsreich, mitunter auch ein wenig „spannend", aber mit Kindern ab dem Grundschulalter gut zu machen. Gutes Schuhwerk ist empfehlenswert! Anschließend sollte man unbedingt noch einen Stadtbummel einplanen. Die Altstadt mit ihren hübschen Fachwerkhäusern und auch der Katz'sche Garten sind auf jeden Fall eine Besichtigung wert. An dieser Stelle sei auch das Gernsbacher Altstadtfest wärmstens empfohlen. Es findet alljährlich am dritten Septemberwochenende statt. Wer möchte, kann sich nach der Wanderung auch im Gernsbacher Igelbachbad (Freibad) erfrischen.

Streckenverlauf	Gernsbach Bahnhof – Ebersteinbrücke – Klingelkapelle – Erzgrube – Schloss Eberstein – Grafensprung – Engelskanzel – Klingelkapelle – Baumlehrpfad – Gernsbacher Altstadt
Länge	Wanderung 6,5 km
ÖPNV	Mit der S 31/41 Richtung Forbach, Fahrtzeit ca. 45 Min. ab Karlsruhe Hbf
	Tipp: Fahren Sie mit dem Dampfzug auf der Murgtalbahnstrecke bis Gernsbach: www.uef-dampf.de
Mit dem Auto	ab Karlsruhe A 5 Richtung Rastatt, Ausfahrt Rastatt-Nord Richtung Freudenstadt/Gernsbach/Gaggenau. Weiter auf der B 462 bis Gernsbach (40 km). Parkmöglichkeiten sind ausgeschildert.

Tour 13 — Gernsbach

Von der Haltestelle Gernsbach Mitte gehen wir den Felsenweg entlang Richtung Kurpark, dort queren wir beim Parkplatz die B 462 und gehen über die Ebersteinbrücke. Nach der Brücke geht es links in die Klingelstraße, dann 500 m weiter, bis wir rechts die Klingelkapelle sehen. Das „Klingele" ist Anfang und Endstation des **Gernsbacher Sagenwegs**. Hier gibt es auch eine Übersichtskarte, auf der weitere Wandermöglichkeiten markiert sind. Von der Klingelkapelle aus geht es rechts hoch in den Wald auf schmalem Pfad, hier der Wegmarkierung (kleines Teufelchen) folgen. Der Weg ist relativ steil, aber Sie können sich auf die herrliche Aussicht von **Schloss Eberstein** freuen!

Blick auf Obertsrot – ein Stadtteil von Gernsbach

Gernsbach — Tour 13

Ende des 13. Jahrhunderts von den Grafen von Eberstein erbaut, thront die Burg nun schon seit über 700 Jahren als Wahrzeichen über dem Murgtal. Sie diente den Grafen von Eberstein als Wohnsitz, die zeitlebens in Konkurrenz zu den Herren von Baden lebten. Die Grafen von Eberstein waren einst einflussreich und wohlhabend. Sie besaßen zahlreiche Ländereien und gründeten nicht nur die Klöster Herrenalb, Frauenalb und Rosenthal bei Eisenberg/Pfalz, sondern auch Städte wie Gernsbach, Kuppenheim und Gochsheim im Kraichgau. Doch nach und nach verloren die Grafen an Besitz und an Bedeutung, bis schließlich 1660 der letzte Graf von Eberstein, Casimir, ohne Nachkommen starb. Nach seinem Tod fielen die Besitztümer teils an Baden. Das Schloss wurde vom badischen Markgrafen durch den Karlsruher Baumeister Friedrich Weinbrenner zu einem Landschloss umgebaut. Im Jahr 2000 ging das Gebäude in Privatbesitz über und wurde restauriert. Heute befinden sich im Schloss ein Gourmetrestaurant und ein Hotel mit angeschlossenem Weingut.

Schloss Eberstein kann leider nicht besichtigt werden. Einkehrmöglichkeit besteht in der Vesperstube (Vespergerichte zwischen 7 € und 12 €). Wir haben ein wenig suchen müssen, um die „Fortsetzung" des Sagenwegs zu finden. Wenn man vor dem Schloss steht, geht links ein schmaler Pfad bergab. Die Wegmarkierung, die ein wenig schlecht sichtbar ist, befindet sich auf einem Baum, der mit Efeu bewachsen ist. Nach der Station **Grafensprung** folgen wir der Beschilderung. Nach etwa 500 m gabelt sich der Weg. Zur Klingelkapelle geht es sowohl links als auch rechts.

Vom „Grafensprung" hat man eine sagenhafte Aussicht auf die Murg.

Tour 13 — Gernsbach

Eingang zur ehemaligen Erzgrube

💡 TIPP

Igelbachbad Gernsbach
Freibadsaison
Mo–Sa 10.30–19.30 Uhr,
So 9.30–19.30 Uhr
4 €, Kinder 3–16 J. 2 €
Nur bei schönem Wetter!

Nehmen Sie den linken Weg: als alpin gekennzeichnet ist er zwar für Kinder spannend, aber keineswegs gefährlich. Der rechte Weg führt hinunter zur Straße und dann ein Stück der Straße entlang ebenfalls zurück zum Ausgangspunkt.

Gernsbach — Tour 13

Nachdem Sie wieder beim „Klingele" angekommen sind, geht es die Klingelstraße zurück Richtung Altstadt. Erst einmal auf die Murginsel (Zugang über die Ebersteinbrücke) und die Füße im Wasser kühlen. Oder ins Igelbachbad oder doch lieber ein Eis in der sehenswerten Altstadt?

Die Altstadt von Gernsbach lohnt sich! Falls Sie also noch Zeit und Lust haben, machen Sie einen kleinen Stadtbummel durch das malerische Fachwerkstädtchen. Besondere Sehenswürdigkeiten sind die Stadtmauer, der Storchenturm und der Katz'sche Garten.

Klingelkapelle

Von den Grafen von Eberstein gegründet, wurde **Gernsbach** 1219 als „Genresbach" erstmals urkundlich erwähnt. Ab dem 13. Jahrhundert entwickelte sich der Ort zum politischherrschaftlichen Zentrum. Die Ebersteiner trieben von hier aus die weitere Besiedelung des Tals voran. Wald wurde gerodet und das Land nutzbar gemacht. Im 15. und 16. Jahrhundert erlebte die Stadt ihre wirtschaftliche Blüte. Das Flößerhandwerk und der Holzhandel brachten einigen Familien Wohlstand und Reichtum. Die Familie Katz war eine der bedeutendsten Flößerfamilien. Sie war es auch, die einen mediterranen Garten anlegen ließ. Heute ist der Katz'sche Garten für die Öffentlichkeit frei zugänglich. Er befindet sich rechtsseitig der Murg gegenüber der Villa Katz. Holz spielt auch heute immer noch eine wesentliche wirtschaftliche Rolle im Murgtal. Die Gernsbacher papierverarbeitenden Unternehmen gehören zu den bedeutendsten in Deutschland.

Tour 14
Tierisch mystisch – Wandern bei Forbach

Die Tour ist sehr abwechslungsreich. Am Sersbach entlang geht es auf schmalem Pfad durch die Ziegenweiden. Man erfährt Wissenswertes rund um die Tiere und kann mit etwas Glück die ein oder andere Ziege auch „persönlich" kennenlernen. In Bermersbach bietet das Murgtalmuseum allerlei Interessantes rund um den Alltag und das Leben im Murgtal von einst. Einen Picknickplatz mit schönerer Aussicht als bei den mystischen Giersteinen gibt es wohl kaum. Zum Abschluss geht es noch zum Wasserspielplatz im Murgtalgarten in Forbach. Wem das nicht nass genug ist, kann sich auch im nahegelegenen Montana-Badepark abkühlen – und ganz Mutige in der Murg. Ein tolles Erlebnis für die ganze Familie! Planen Sie unbedingt genug Zeit für Pausen zum Spielen und „Gucken" ein. Gutes Schuhwerk ist empfehlenswert. An heißen Tagen Badesachen nicht vergessen!

Streckenverlauf	Forbach Bahnhof – Ziegenpfad – Bermersbach – Giersteine – Forbach
Länge	5,5 km, Glücksweg + 4 km
ÖPNV	S 31/S 41 ab Karlsruhe bis Forbach, Fahrtzeit ca. 60 Min. Schon die Fahrt mit der Bahn durch das schöne Murgtal lohnt sich – einfach herrlich! **Tipp:** Mit dem Dampfzug ins Murgtal! www.uef-dampf.de
Mit dem Auto	A 5 Richtung Basel, Ausfahrt Rastatt-Nord Richtung Freudenstadt/Gernsbach/Gaggenau, auf der B 462 bis Forbach (50 km). Parkmöglichkeit besteht z. B. am Bahnhof Forbach.
Informationen	**Montana-Badepark** www.forbach.de oder ☎ 0 72 28 / 9 69 76 12 Das Freibad ist nur bei schönem Wetter geöffnet.

Forbach — Tour 14

Vom Bahnhof Forbach aus gehen wir über die Murg und vor dem Soldatendenkmal rechts. Wir folgen der Straße bis zu einer Bushaltestelle. Hier gibt es zwei Möglichkeiten: Entweder wir folgen weiter der Hauptstraße oder wir gehen (kleine Abkürzung) hinter der Bushaltestelle rechts, dann bei der nächsten Gabelung am Christuskreuz wieder rechts, an einem Brunnen vorbei und kommen dann wieder auf die Hauptstraße. Ein kurzes Stück geht es am Feuerwehrhaus vorbei, die L 79 weiter Richtung Bermersbach (Achtung: kein Gehweg!), dann sehen wir rechter Hand schon das Tor zum **Ziegenpfad**. Durch das malerische Bahatal geht es hinauf nach Bermersbach (2,5 km). Der Weg ist gut ausgeschildert und für Kinderwagen nicht geeignet, aber auch mit Kleinkindern gut machbar.

> ### TIPP
>
> Die Ziegenfreunde Bermersbach bieten auch kostengünstig Führungen an.
> www.ziegenfreunde-bermersbach.de

Tour 14 — Forbach

Das Leben im **Murgtal** war von je her schwer und entbehrungsreich. Die Menschen lebten zumeist von der Holzwirtschaft und den damit zusammenhängenden Gewerben. Manche gelangten durch Holzhandel auch zu einigem Reichtum. Landwirtschaft war kaum möglich. Besser gestellte Familien hielten Vieh, zumeist für den Eigenbedarf. Die Weideflächen waren jedoch rar im schmalen Murgtal. Man rodete an den Bachläufen in den Seitentälern, um zusätzliche Wiesen zu schaffen. Es entstanden sogenannte Magerwiesen, auf denen vor allem viele Wildblumen und -kräuter wuchsen.

Typisch und gleichzeitig einzigartig in der Region sind die Heuhütten. Tiroler Einwanderer brachten vermutlich im 16. bis 17. Jahrhundert die traditionelle Bauweise aus ihrer Heimat mit. In den Hütten wurde das Heu für die Winterfütterung gelagert. Auf dem Ziegenpfad kommt man immer wieder an solchen Holzhütten vorbei, die von ehrenamtlichen Helfern und engagierten Bürgern in Stand gehalten werden.

Wenn wir das letzte Gatter hinter uns geschlossen haben und bereits die ersten Häuser von **Bermersbach** sehen, geht es noch ein kurzes Stück steil bergauf, bis wir zu einer Straße (Mühlweg) kommen, hier rechts bis zur nächsten Kreuzung.

Wer von der herrlichen Landschaft nicht genug bekommen kann, dem sei der 4 km lange **Glücksweg** empfohlen, den man ab hier als Rundweg „anhängen" kann, ein speziell für Kinder angelegter Erlebnisweg, der kleine Entdecker glücklich macht. Zum Murgtalmuseum und den **Giersteinen** geht es halb rechts über die Kreuzung, beides ist ausgeschildert. Am Museum vorbei, immer der Straße folgend (nicht verwirren lassen, die Straße wird immer schmäler und mündet in einen Feldweg), kommen wir nach etwa 500 m zu den Giersteinen. Die Aussicht ist gigantisch, einen schönen Spielplatz gibt es auch: ein guter Ort, um Rast zu machen. Schließlich geht es wieder bergab, am Spielplatz vorbei nach Forbach. Der Weg endet unterhalb vom Feuerwehrhaus. Man kann entweder wie auf dem Hinweg der Hauptverkehrsstraße (Friedrichstraße) zum Bahnhof folgen oder die Sersbachstraße immer weiter gehen, dann über eine

Keiner weiß so genau, wer oder was die Granitblöcke so geformt hat, wie wir sie heute sehen. Ihre Gestalt und Lage sind auf jeden Fall erstaunlich, bereits seit 1940 sind sie Naturdenkmal.

Art Hof und einen Feldweg, bis wir auf die Eulenfelsenstraße kommen. Linker Hand kann man noch ein wenig bis zum Sportplatz an der Murg entlang spazieren, rechts geht es wieder Richtung Brücke, bzw. Bahnhof. Der Wasserspielplatz befindet sich unterhalb der Autobrücke.

Tour 15
Zauberhaftes Tal – Geroldsauer Wasserfall

Am schönsten ist es hier zur Zeit der Rhododendronblüte im April und Mai. Aber auch zu anderen Jahreszeiten ist das Grobbachtal ein lohnendes Ausflugsziel. Im Sommer kühl und schattig, ideal für eine kleine Wanderung mit den Kindern; im Herbst schön, wenn sich die Blätter bunt färben, aber auch im Winter beeindruckend, wenn das Wasser bizarre Formen in Eis bildet – auf jeden Fall ein zauberhaftes Naturerlebnis für die ganze Familie!

Streckenverlauf	Geroldsau (Haltestelle Malschbacher Straße) – Grobbachtal – Bütthof – Grobbachtal – Geroldsau (Haltestelle Malschbacher Straße)
Länge	Rundweg 3,5 km, weitere Wandermöglichkeiten vor Ort
ÖPNV	IRE oder S 4 bis Baden-Baden, ab Baden-Baden Bahnhof (ca. 6 Min. Fußweg) dann mit dem Bus 245 bis Geroldsau, Haltestelle Malschbach, ab hier ausgeschildert, Fahrtzeit ca. 90 Min.
Mit dem Auto	A 5 Richtung Basel, Ausfahrt Baden-Baden, auf der B 500 in Baden-Baden weiter Richtung Lichtental und dort Richtung Geroldsau abbiegen. Der Hauptstraße folgen, hinter dem Gasthof Auerhahn kurz vor Ortsausgang links Richtung „Waldgaststätte Bütthof" (52 km). Beim Bütthof gibt es genügend Parkplätze. Von dort aus geht man zunächst zum Wasserfall und folgt dann dem Rundweg.

Wir wandern von Geroldsau Haltestelle Malschbach am Grobbach entlang 1,5 km flussaufwärts zum Geroldsauer Wasserfall. Der Wasserfall ist mit seinen etwa 9 m Höhe durchaus beeindruckend, zudem ist er ein geologisches Naturdenkmal. Schon Johannes Brahms und Clara Schumann, die lange in Baden-Baden lebte, genossen im 19. Jahrhundert die Spazier-

Der Geroldsauer Wasserfall ist ein geologisches Naturdenkmal.

gänge in diesem Tal. Der Weg führt durch einen märchenhaft anmutenden Wald. Die moosbewachsenen Steine und Bäume schaffen eine beinahe mystische Atmosphäre. Die Kinder entdecken vielleicht auch den ein oder anderen Waldwichtel. Direkt am Wasserfall gibt es eine Schutzhütte, bei der man

Tour 15 — Geroldsau

>   **TIPP**
>
> **Waldgaststätte Bütthof**
> Mai–Okt Di–Sa ab 11 Uhr,
> So und Feiertage ab 10 Uhr
> Nov–April Di–Fr ab 15 Uhr, Sa ab 11 Uhr,
> So und Feiertage ab 10 Uhr
> www.buetthof.de

gut Rast machen, bzw. picknicken kann. Wenige Minuten vom Wasserfall flussaufwärts liegt die Waldgaststätte **Bütthof**. Hier kann man gut einkehren (Kindergerichte ab 4,50 €). Wer möchte, kann vom Waldgasthof aus weiter wandern. Eine Übersichtstafel befindet sich oberhalb des Gasthofs beim Waldparkplatz. Es gibt ab hier verschiedene Möglichkeiten, den Weg fortzusetzen, z. B. Richtung Badener Höhe (gelbe Raute, 8,5 km), den Kreuzfelsen-Rundweg (gelber Ring, 11 km) oder wir folgen einfach ein Stück dem mehrfach mit Wandersiegeln ausgezeichneten Panoramaweg und wandern dann auf der anderen Bachseite zurück nach Geroldsau.

Tour 16
Wildnispfad – Wandern am Plättig

Eine spannende Abenteuerwanderung, die die lange Fahrt aus Karlsruhe wirklich lohnt! Auf dem Wildnispfad geht es über Stock und Stein oder besser gesagt: über Baumstämme. Nachdem der Orkan Lothar im Dezember 1999 auch im Schwarzwald großen Schaden angerichtet hatte, wurde der Wald hier zunächst weitgehend sich selbst überlassen. 2006 wurde dann der Wildnispfad eingeweiht, der seinen Besuchern Wald und „Naturgewalt" näherbringen soll. Gutes Schuhwerk ist absolut empfehlenswert. Mit Kindern sollte man unbedingt genügend Zeit für Pausen einplanen. Der Weg ist nicht nur spannend, sondern für Kinderbeine auch anstrengend. Drei bis vier Stunden für die 4,5 km sind da realistisch.

Streckenverlauf	Hotel Plättig – Richtung Bühler Höhe/Freudenstadt
Länge	4,5 km, kürzerer Weg 3 km **Varianten:** zur Kohlbergwiese + 2 km, dort Einkehrmöglichkeit, oder auch mit dem Luchspfad kombinierbar + 3,5 km
ÖPNV	RE/IRE nach Bühl, ab Bühl mit dem Bus 263 Richtung Hundsbach oder mit dem RE/IRE bis Baden-Baden und dann ab Baden-Baden Bahnhof mit dem Bus 245 Richtung Mummelsee, Fahrtzeit ca. 80 Min.
Mit dem Auto	A 5 Richtung Basel, an der Ausfahrt Baden-Baden auf die B 500 bis Sand. Am Hotel Plättig (Schwarzwaldhochstraße) gibt es genügend Parkplätze.

Der **Wildnispfad** ist gut ausgeschildert und an Wochenenden meist auch gut besucht. An mehreren Stationen kann man den Wald und die ehemalige Sturmwurffläche aus besonderer Perspektive betrachten, z. B. von oben vom „Adlerhorst" aus, einer Aussichtsplattform mit Hängebrücke, oder von unten, bequem auf einer Holzliege liegend. Spannend ist der Pfad allemal. Wem der Wildnispfad zu lang wird, der kann an einer Stelle den Pfad verlassen und über einen Schotterweg zurücklaufen. Man kann den Wildnispfad auch mit dem Luchspfad kombinieren oder diesen dann bei einem

TIPP

Das Forstamt bietet für Gruppen auch geführte Wanderungen auf dem Wildnispfad an. Informationen unter ☎ 0 72 21 / 93 16 63

Zum „Adlerhorst" geht es über eine Hängebrücke.

weiteren Besuch erwandern. Der **Luchspfad**, ein Projekt des Naturparks Schwarzwald Mitte/Nord, des Naturschutzbundes (NABU) und der Stadt Baden-Baden, bietet für Familien mit Kindern ein abwechslungsreiches Spiel- und Informationsangebot. An 24 Erlebnisstationen können die Kinder z. B. schleichen, lauschen, balancieren und spähen wie ein Luchs. Der Luchspfad führt ebenfalls durch ein ausgesprochen spannendes Gelände und lässt bei den Kindern keine Langeweile aufkommen.

An der St.-Antonius-Kapelle vorbei geht es zum Luchspfad.

Neben den Themenwanderwegen Wildnispfad und Luchspfad gibt es weitere sehr empfehlenswerte Rundwanderungen auf dem Plättig, z. B. den Falkenfelsen-Kohlbergwiesen-Rundweg (4 km), den Philosophen-Rundweg (4,5 km) oder den Gertelbach-Rundweg (9,5 km), der durch die Gertelbacher Wasserfälle zum Wiedenfelsen führt und an landschaftlicher Schönheit kaum zu überbieten ist (Einkehrmöglichkeit im Gasthaus Kohlbergwiese). Wer einmal da gewesen ist, wird immer wieder zum Plättig kommen!

Tour 17
Wandern auf dem Kaltenbronn – ein Schwarzwalderlebnis der besonderen Art

Der Kaltenbronn mit seinen Hochmooren und Seen ist etwas Außergewöhnliches. Das besondere Klima (Jahresdurchschnittstemperatur 6 °C und jährliche Niederschlagsmenge 1600 mm) und die Bodenbeschaffenheit (wasserundurchlässige Sandsteinschichten) ermöglichen einen einzigartigen Lebensraum. Nach der letzten Eiszeit konnte das Wasser nicht abfließen und die Landschaft versumpfte, so bildete sich auf dem Kaltenbronn zunächst ein Niedermoor. Mittlerweile beträgt die Torfschicht rund 8 m und die Pflanzen haben mit ihren Wurzeln keinen Kontakt mehr zum Grundwasser. Deshalb spricht man heute von einem Hochmoor, in dem wenige Pflanzen wachsen können. Auf dem Kaltenbronn gibt es eine karge, aber einzigartige Pflanzen- und Tierwelt. Wenn es in Karlsruhe bereits frühsommerlich warm ist, kann es auf dem Kaltenbronn durchaus noch kalt oder zumindest kühl sein. Denken Sie also an entsprechend warme Kleidung. Gutes Schuhwerk empfehlenswert.

Länge	Trollpfad 1,5 km (einfache Strecke); Naturerlebnisweg 8,5 km; durch das Wildseemoor zur Grünhütte 6 km (einfache Strecke)
ÖPNV	S 31/S 41 bis Gernsbach Bahnhof, dann mit dem Bus 242 Richtung Kaltenbronn, Fahrtzeit ca. 75 Min., der Bus fährt allerdings nur wenige Male am Tag. Oder ab Karlsruhe Hauptbahnhof mit dem RE/IRE bis Pforzheim Hauptbahnhof, weiter mit der S 6 bis Bad Wildbad Bahnhof und dann mit dem Bus 7780 Richtung Poppeltal, Fahrtzeit ca. 95 Min.
Mit dem Auto	A 5 Richtung Basel, bei der Ausfahrt Rastatt-Nord Richtung Freudenstadt/Gernsbach/Gaggenau. Weiter auf der B 462, hinter Gernsbach links Richtung Reichental/Infozentrum Kaltenbronn abbiegen (60 km).
Startpunkt	für alle Touren: Parkplatz F

Kaltenbronn — Tour 17

Für Familien mit Kindern eignet sich der Naturerlebnisweg besonders gut. Dieser ist mit einem laufenden Auerhahn gekennzeichnet. Der Weg ist interessant und abwechslungsreich. Man wandert durch einzigartige Landschaft und erfährt auf kurzweilige Weise Interessantes rund um den Schwarzwald.

Es gibt genug Parkplätze auf dem Kaltenbronn. Am besten parken Sie auf dem Parkplatz F, hier dann Richtung Rotwildgehege gehen, ab da ist der Erlebnisweg ausge-

> ### 💡 TIPP
>
> **Infozentrum Kaltenbronn**
> ab Parkplatz F ca. 200 m,
> ausgeschildert
> April–Nov Mi–So 10.30–17 Uhr
> Dez–März Mi–Fr 13–17 Uhr,
> Sa–So 10.30–17 Uhr
> 3 €, Kinder ab 6 J. 2 €
> www.infozentrum-kaltenbronn.de

schildert. Wer mit dem Bus kommt, geht von der Haltestelle aus gegenüber dem Hotel Sarbacher die Treppe hoch und dann rechts direkt auf den Wanderweg. Nach 150 m zweigt links der Trollpfad ab. Auf diesem speziell für Kinder angelegten Pfad geht es über Stock und Stein. Es gilt das Rätsel der Trolle zu lösen. Der Trollpfad begleitet, mal links, mal rechts, den Hauptwanderweg. Wenn Sie mit dem Kinderwagen unterwegs sind, bleiben Sie auf dem Hauptwanderweg, während die älteren Kinder gut alleine den Trollpfad gehen können, sie

Kaltenbronn — Tour 17

Blick vom Kaltenbronn auf das Murgtal

bleiben immer in Hörweite. Nach 1,5 km kommen die kleinen Trollhelfer zu des Rätsels Lösung. Dann kann man auf dem Naturerlebnisweg weiter wandern bis zur Grünhütte, wo man sehr lecker vespern kann. Die einfache Strecke ab dem Parkplatz F bis zur Grünhütte beträgt rund 6 km. Wem 12 km zu lang sind, der kann auch nach dem Naturschutzgebiet Wildseemoor der Markierung „Rundweg 1" folgen (Gesamtstrecke ab Parkplatz F 8,5 km), Einkehrmöglichkeit besteht dann im Hotel Sarbacher.

Als Karlsruher ist man mit tollen Ausflugsmöglichkeiten wirklich verwöhnt! Die Südwestpfalz bietet Top-Ausflugsziele der unterschiedlichsten Art. Eine Stunde Autofahrt von Karlsruhe aus und Sie tauchen ein in eine andere Welt – bizarre Felsenlandschaften und mittelalterliche Burgen, Weinberge und Kastanienwälder; Ihre Kinder und Sie werden begeistert sein! Auf den folgenden Seiten finden Sie Tipps zu Themenwanderwegen und Ausflügen ins Dahner Felsenland, in den Pfälzerwald und ins Trifelsland.

Die Pfalz

Tour 18
Burgenland Pfalz

Der Begriff „Pfalz" diente im Mittelalter ursprünglich als Bezeichnung für einen zeitlich begrenzten Verwaltungssitz, an dem der Regent auf der Reise durch sein Herrschaftsgebiet Station machen konnte. Der dortige Pfalzgraf war für den gebührenden Empfang und eine gute Versorgung des Regenten und seines Gefolges verantwortlich. Später etablierte sich der Name „Pfalz" für das gesamte Gebiet, das dem Pfalzgrafen unterstellt war. Die Burgen und Burgruinen in der Südwestpfalz stammen allesamt aus dem Mittelalter, als die Region von großer politischer und strategischer Bedeutung war. Um die 500 Burgen wurden im Lauf der Jahrhunderte gebaut und viele von ihnen sind noch heute als interessante und besuchenswerte Ruinen erhalten. Manche sind zu Teilen restauriert und man kann so einen guten Eindruck vom Leben auf einer mittelalterlichen Burg gewinnen. Infos unter www.burgen-rlp.de.

Hier eine Auswahl unserer „Lieblingsburgen", alle mit sehr guten Wander- und Einkehrmöglichkeiten:

Kurios: Burg Berwartstein

Adresse	Burg Berwartstein, 76891 Erlenbach ☎ 0 63 98 / 2 10 www.burgberwartstein.de
Mit dem Auto	A 65 bis Ausfahrt Kandel-Nord, weiter Richtung Bad Bergzabern bis Erlenbach (50 km)
Geöffnet	März–Okt täglich, Nov–März Sa–So

Burg Berwartstein in Erlenbach bei Dahn befindet sich in Privatbesitz und wird zum Teil bewohnt. Besuchen Sie die sehr gut erhaltene Felsenburg und lauschen Sie den Geschichten von Hans von Trotha, auch „Hans Trapp" genannt, einem Raubritter, der bereits zu seiner Zeit eine Legende war. Die Führung ist mit

Burgenland Pfalz — Tour 18

Burg Berwartstein

einer Stunde zwar recht lang, doch auch für Kinder sehr interessant. Besonders spannend wird es für die Kinder gegen Ende der Führung, wenn sie mit einer Kerze in der Hand durch geheime Gänge streifen dürfen. Sie können von der Burg aus z. B. zum nahe gelegenen Seehof-Weiher wandern. Der südliche Teil des Bachstaus ist als Bademöglichkeit angelegt mit Liegewiese und Sandstrand (Baden auf eigene Gefahr!).

Beeindruckend: Reichsburg Trifels in Annweiler

Mit dem Auto	A 65 bis Ausfahrt Landau-Nord, weiter Richtung Pirmasens/Annweiler. In Annweiler ist die Burg gut ausgeschildert. (55 km)
Geöffnet	April–Sept 9–18 Uhr, Okt, Nov, Feb, März 9–17 Uhr. Besichtigung entweder mit Führung oder auf eigene Faust. Führungen Mo–Fr 14 Uhr, Sa–So 11 Uhr und 13.30 Uhr
Eintritt	3 €, Kinder ab 6 J. 1,50 €

Im 12. und 13. Jahrhundert wurden auf der Reichsburg Trifels die Reichskleinodien aufbewahrt, ohne die kein Kaiser gekrönt werden konnte. Heute kann man hier Nachbildungen bewundern. Aber die Burggeschichte bietet noch mehr. Die Burg

Trifels diente einst auch als Staatsgefängnis. Ihr bekanntester Gefangener war zweifelsohne der englische König Richard I., genannt Richard Löwenherz, der vielen aus der Geschichte von Robin Hood bekannt ist. Von April bis Oktober kann man samstags und sonntags der „Befreiung des Richard Löwenherz" beiwohnen, einer etwa einstündigen Schauspielvorführung, die jeweils um 15 Uhr beginnt. Rund um die Burg laden interessante und gut ausgeschilderte Themenwege zum Wandern ein.

Familienfreundlich: Fleckenstein

Mit dem Auto	A 65 bis Ausfahrt Kandel-Nord, weiter über Bad Bergzabern, Erlenbach, Niederschlettenbach, Nothweiler, ab da gut ausgeschildert. (60 km)
Geöffnet	Ende März–Juni 10–17.30 Uhr, Juli–Aug 10–18 Uhr, Sept–Okt 10–17.30 Uhr
Eintritt	3 €, Kinder ab 4 J. 2,50 €, Rätselburg: 9,50 €, Kinder ab 4 J. 8 €, Familientarif: 2 Erw. und 2 Kinder 32 €

Fleckenstein ist landschaftlich wunderschön gelegen und ganz speziell auf Kinder eingerichtet. So besteht die Möglichkeit, an der „Rätselburg" teilzunehmen. Der einigermaßen teure Eintritt lohnt sich, denn es wird wirklich einiges geboten. So erfährt man zunächst auf spielerische Weise viel über das Leben im Mittelalter, alles für Kinder sehr anschaulich und „begreifbar" dargestellt, und man kann anschließend rund um die Burgruine knifflige Fragen lösen.

Burgenland Pfalz — Tour 18

Ritterspielplatz am Gimbelhof

Das Ganze gleicht einer kurzweiligen Schatzsuche und macht nicht nur den Kindern Spaß! Wer gerne wandert, findet rund um die Burg viele gut ausgeschilderte Wege. Empfehlenswert ist auch der nahegelegene Gimbelhof mit Ritterspielplatz und Einkehrmöglichkeit.

Tour 19
Von Kastanien und Mandeln – Themenwanderungen in der Südpfalz

"Annerschwu is annerschd un halt net wie in de Palz!", so singen die Pfälzer in ihrer inoffiziellen Hymne und – Recht haben sie! Die Pfalz ist schon etwas ganz Besonderes. Vom milden Klima begünstigt gedeihen hier Wein, Obst und Gemüse besonders gut. Im Herbst hat die Südpfalz etwas außergewöhnlich Leckeres zu bieten: die **"Keschde"**.

Edenkoben

Kastanien und Mandeln — Tour 19

Die Edelkastanie hatte einen prominenten Liebhaber: König Ludwig I. ließ rund um sein Sommerschlösschen bei Edenkoben etwa 10 000 Kastanienbäume pflanzen und davon profitieren wir noch heute. Die Pfälzer selbst sind ebenfalls große Liebhaber dieser Frucht und feiern ihr zu Ehren im Herbst Kastanienfeste (z. B. in Edenkoben, Annweiler oder Hauenstein) und küren sogar eine Kastanienprinzessin. Unter www.pfalz.de/freizeit-und-erleben finden Sie einen aktuellen Veranstaltungskalender und nützliche Infos für Ihren Pfalzbesuch.

Ab Mitte bis Ende Oktober sind die Kastanien, auch Maroni genannt, „sammelreif" und schmecken sowohl in Salzwasser gekocht als auch aus dem Backofen (Achtung: Schale anritzen, sonst explodiert Ihnen die Kastanie im Backofen!) oder zu einem leckeren Braten. Die Pfälzer essen auch gerne Keschdemus oder backen mit Kastanienmehl. Das Sammeln ist nicht ganz einfach. Wegen der stacheligen Schale sind Gartenhandschuhe und feste Schuhe hilfreich. Spaß macht es aber allemal! Die Kastanienbäume wachsen eher am Rand des Biosphärenreservats Pfälzerwald, z. B. bei Niederotterbach. Hier gibt es einen Waldgeisterpfad, den man schön entlang spazieren kann. Nebenbei kann man Kastanien sammeln, die es hier im Herbst reichlich gibt. Gut sammeln kann man auch unterhalb der Ludwigshöhe bei Edenkoben, bei Eichwald, im Trifelsland und entlang der Südlichen Weinstraße. Oder Sie wandern mit den Kindern ein Stück am Pfälzer Keschdeweg.

Tour 19 — Kastanien und Mandeln

> **Pfälzer Keschdeweg** Der Keschdeweg umfasst rund 60 km schönste Südpfälzer Landschaft und historisch bedeutsame Orte. Anfang des mit der Kastanie markierten Weges ist Hauenstein (beim Schuhmuseum). Der Weg führt durch den Pfälzerwald bis nach Neustadt an der Weinstraße und ist nicht nur im Herbst ein Genuss. Besonders schön ist es auch etwa Mitte Juni, wenn die Bäume blühen. Aktuelle Infos auch zu Veranstaltungen rund um diesen Themenwanderweg finden Sie unter www.keschdeweg.de.

Aber nicht nur die Kastanie ist etwas Besonderes. Auch die **Mandel** prägt vor allem im Frühling die Landschaft und das Leben in der Südpfalz. Ursprünglich stammt der Mandelbaum, der zu den Rosengewächsen gehört, wohl aus Südwestasien. Seinen Weg in die Pfalz fand er wahrscheinlich durch die Römer, die neben Weinreben und Kastanien auch diese Bäume pflanzten. Geehrt wird die Mandel, die in Kuchen und Kosmetik ihre Verwendung findet, durch einen „rosafarbenen" Themenpfad.

> **Pfälzer Mandelpfad** Der Mandelpfad verläuft über etwa 60 km zwischen Königsbach bei Neustadt bzw. Maikammer und Bad Bergzabern durch die Weinberge am Rande des Pfälzerwalds. Dieser Themenweg ist nicht nur zur Mandelblüte (etwa Mitte März), sondern auch zu allen anderen Jahreszeiten ein Erlebnis. In der Zeit vom 1. März bis zum 15. April gibt es zahlreiche Veranstaltungen rund um die Mandel, z. B. die Mandelmeile in Edenkoben oder das Gimmeldinger Mandelblütenfest. Aktuelle Infos und Wandertipps unter www.mandelbluete-pfalz.de.

Auch der **Buntsandstein** gehört zu den Besonderheiten der Pfälzer Landschaft. Aufgrund seiner Eigenschaften und seines Vorkommens wurde er in unserer Region oft und viel als Baumaterial verwendet. Einzigartig sind in der Pfalz nicht nur die zahlreichen Burgen und Burgruinen, die ebenfalls aus Sandstein gebaut sind, absolut faszinierend sind auch die Gesteinsformationen, die durch Verwitterung entstanden sind und nur hier so gut und in großer Zahl zu sehen sind. Oft sind diese spek-

Diese typische Verwitterungsform von Buntsandstein nennt man Wabenbildung.

takulären Naturerscheinungen als Naturdenkmal ausgewiesen, wie der z. B. der Teufelstisch bei Hinterweidenthal und zahlreiche Felsen im Dahner Felsenland (▶ S. 98). Der Buntsandsteinpfad bei Annweiler, der Einiges zu bieten hat, lässt sich gut mit einem Besuch der Burg Trifels (▶ S. 91) kombinieren.

Buntsandsteinpfad bei Annweiler Dieser 2,5 km lange geologische Lehrpfad, der rund um die Ruinen Anebos und Scharfenberg führt, ist Teil des Annweiler Burgenwegs (7,5 km) und bietet Spannendes und Informatives rund um das Gestein – herrliche Aussicht und bizarre Felsen inklusive. Weitere Infos: www.trifelsland.de/de/region-aktivitaeten/orte-im-trifelsland/annweiler-am-trifels.

Tour 20
Bizarr – Dahner Felsenland

Das Dahner Felsenland: nicht weit von Karlsruhe und doch so anders. Eine bizarre Landschaft in Buntsandstein gezaubert, ein Traum für Naturliebhaber und kleine Entdecker. Selbst kleine Wandermuffel werden ihren Spaß haben! Zahlreiche Rund- und Themenwanderwege, manche speziell für Kinder angelegt, Burgruinen, Badeseen, Bergwerke, Museen – es gibt unglaublich viel zu entdecken. Das Dahner Felsenland ist touristisch sehr gut erschlossen, die Wege sind gut ausgeschildert und auf Infotafeln, die an jedem Wanderparkplatz zu finden sind, gut beschrieben. Mehr Infos zu Wander- und Ausflugsmöglichkeiten für Familien mit Kindern gibt es z. B. unter www.dahner-felsenland.net/willkommen/tourismus/wandern/wandern-mit-kindern.html.

ÖPNV	Mit dem Zug ab Karlsruhe über Winden oder Landau, ca. 2 Std. Fahrtzeit
	Tipp: Von Anfang Mai bis Ende Oktober kann man von Karlsruhe mit dem Felsenlandexpress, einem historischen Triebwagen, ohne Umsteigen nach Dahn fahren. Infos unter www.kvv.de/freizeit/freizeitbahnen/felsenland-express.html
Mit dem Auto	A 65 bis Landau-Nord, dann B 10 Richtung Pirmasens/Annweiler, bei Hinterweidenthal auf die B 427 Richtung Dahn (65 km)

Hier eine Auswahl von Wandermöglichkeiten für einen ersten Eindruck. Sie werden sicher nicht nur einmal hier gewesen sein:

Dahner Felsenpfad

12 km durch ein Zauberland aus Buntsandstein. Schwalbenfelsen, Braut und Bräutigam, Felsenarena, Lämmerfelsen, um nur einige der bekanntesten zu nennen, die Sie auf dieser Tour sehen werden. Allerdings ist die ganze Tour für kleine Kinder

Tour 20 — Dahner Felsenland

eher zu lang, jedoch mit Kindern ab dem Grundschulalter gut zu bewältigen. Es gibt auch immer wieder Abkürzungsmöglichkeiten – einfach der Beschilderung zurück nach Dahn folgen. Gutes Schuhwerk und etwas Trittsicherheit sind empfehlenswert. Ausgangspunkt ist der Parkplatz am Felsenland Badeparadies (Infotafel) oder Sie folgen der Beschilderung ab dem Bahnhof Dahn-Süd.

> ### TIPP
> Sie können den Dahner Felsenpfad auch mit einem Besuch der **Burg Neudahn** oder der **Burggruppe Altdahn** (Ostern–Okt 9–18 Uhr, Nov–Ostern 9–17 Uhr) kombinieren. Beide sind sehr sehenswert!

Elwetritsche-Weg

7 km, die dem Wanderer das Leben und den Lebensraum der Elwetritschen näher bringen. Sie wissen nicht was ein Elwetritsch ist? Es handelt sich um eine Art Geflügel, eine Kreuzung aus Huhn, Ente, Gans und Waldgeistern wie Kobolden oder Elfen. Sogenannte Tritschologen beschäftigen sich eingehend in ihrer Forschungsarbeit mit diesem ... ja richtig, Fabelwesen. Der humorvoll gestaltete Themenweg führt durch herrliche Felsenlandschaft, wo man immer wieder schöne Aussicht auf Dahn und das Umland hat. Ausgangspunkt ist der Kurpark in Dahn, ab hier der Beschilderung folgen.

Dahner Rundwanderung

Insgesamt ist der Rundwanderweg etwa 15 km lang, aber man kann auch nur den östlichen oder den westlichen Teil wandern. Ausgangspunkt ist in Dahn der Parkplatz am Haus des Gastes (Weißenburger Straße, ausführliche Infotafel). Der östliche Teil schließt die Burggruppe Altdahn mit ein (größte Burganlage in der Pfalz, sehenswertes Burgmuseum), der westliche Teil führt u. a. zur Burgruine Neudahn.

Fischbach bei Dahn – Biosphärenhaus und Waldwipfelpfad

Mit dem Auto	A 65 bis Kandel-Nord, weiter auf der B 427 Richtung Bad Bergzabern, in Erlenbach Richtung Niederschlettenbach und dann weiter auf der L 478 bis Fischbach. Das Biosphärenhaus befindet sich am Ortseingang, Parkplätze sind ausreichend vorhanden.
Geöffnet	Juni–Sept tägl. 9–18.30 Uhr (Jan–März, Nov Mo–Fr 9–15.30, April, Mai, Okt tägl. 9.30–17.30 Uhr)
Eintritt	Familienkarte (2 Erw. und 2 Kinder) 21 € inklusive Baumwipfelpfad

Tour 20 — Dahner Felsenland

Die Ausstellung im Biosphärenhaus rund um das Biosphärenreservat Pfälzerwald/Nordvogesen ist interessant und kurzweilig. An interaktiven Stationen können die Kinder so manches „begreifen" und erforschen. Absolut einmalig ist der Baumwipfelpfad, der auf 270 m Länge hoch oben durch die Wipfel führt – auch hier kann man an teilweise interaktiven Stationen Spannendes rund um den Wald erfahren. Krönender Abschluss ist die 40 m lange Rutsche, die einen wieder auf den Boden zurück bringt. Es gibt aber auch eine Treppe. Am Eintrittstag kann man den Baumwipfelpfad und auch die Rutschbahn nutzen, so oft man will! Neben dem Biosphärenhaus und dem Baumwipfelpfad gibt es eine Menge interessanter Themen- und Rund-

Dahner Felsenland — Tour 20

wanderungen, z. B. den Wasser-Erlebnis-Weg und den Biosphären-Erlebnisweg mit Spiel- und Wissensstationen. Oder wie wäre es mit einer Fahrradtour auf dem Sauertalradweg? Ausführliche Infotafeln und Beschilderung vor Ort.

◄ *35 m über dem Waldboden – ganz schön spannend!*

▼ *Auf dem 270 m langen Baumwipfelpfad gibt es zahlreiche Wissens- und Rätselstationen.*

Um einen schönen Familientag im Grünen zu verbringen, muss man nicht unbedingt weit fahren. Aus eigener Erfahrung weiß ich, dass gerade mit jüngeren Kindern eine längere Autofahrt zu einem echten Problem werden kann. Stadtparks sind normalerweise gut mit öffentlichen Verkehrsmitteln erreichbar und bieten zumeist abwechslungsreiche Spiel- und Spaßmöglichkeiten. Erst im Park spielen und toben und dann gemütlich durch die Stadt bummeln – ein rundes Programm für Kinder und Eltern!

Park- und Grünanlagen

Schlossgarten Karlsruhe

Die Karlsruher lieben ihren Schlossgarten! Wohl auch wegen der besonderen Atmosphäre, die hier herrscht. Junge wie Alte genießen bei schönem Wetter den Park, sei es bei einem Spaziergang, einem Picknick, beim Fußball oder beim Frisbeespielen. Hier ist immer etwas los und es wird auch eine Menge geboten. Im Westen liegt der Botanische Garten, eine sehenswerte Anlage mit historischen Gewächshäusern, im Osten der Fasanengarten und der Robinsonspielplatz. Steht man hinter dem Schloss und blickt in Richtung Park, dann befindet sich der Botanische Gar-

Schlossgarten Karlsruhe

ten 300 m links und der Spielplatz 500 m rechts. Der Abenteuerspielplatz bietet nicht nur fantastische Kletter- und Spielmöglichkeiten, es gibt auch einen kleinen künstlichen See, auf dem die Kinder mit kleinen Booten herumstaken können. Außerdem kann man hier auch nach Herzenslust Kanalsysteme anlegen, die dann mit einer Wasserpumpe geflutet werden können.

Das Beste ist aber die mit Holz befeuerte Dampflok, mit der man eine Spazierfahrt durch den Schlosspark unternehmen kann. Wer das erste Mal den Park besucht, fährt am besten erst einmal mit dem „Bähnle", um einen Eindruck von der Parkanlage zu bekommen.

Der Robinsonspielplatz befindet sich im Fasanengarten, östlich vom Schloss.

Schlossgarten Karlsruhe

Erst einmal Dampf ablassen!

Die **Schlossgartenbahn** wurde im Rahmen der Bundesgartenschau 1967 errichtet. Pläne, nach denen die Bahn nach Ende der Gartenschau wieder abgebaut werden sollte, wurden aufgrund lautstarker Proteste aus der Bevölkerung wieder fallen gelassen. Zunächst privat betrieben, übernahmen 1988 die Karlsruher Verkehrsbetriebe die Schlossgartenbahn. Heute verkehren eine Diesel- und eine Dampflok.

Eine Kleinigkeit essen oder einen Kaffee trinken können Sie entweder im Schlosscafé oder im Restaurant beim Botanischen Garten (beide haben montags Ruhetag). Aber: Probieren Sie es doch einmal mit einem Picknick, den Kindern wird es sicher gut gefallen!

Günther-Klotz-Anlage

"Die Klotze", benannt nach dem ehemaligen Karlsruher Oberbürgermeister Günther Klotz, ist ein beliebtes Naherholungsgebiet, das in Karlsruhe relativ zentral zwischen der Gaststätte „Kühler Krug", der Europahalle und der Alb gelegen ist. Rund neun Jahre hat es gedauert, bis das Gelände 1985 fertig gestellt wurde. 1989 war es sogar das Wettkampfgelände für den Orientierungslauf der World Games. Heute nutzen vor allem Inline-Fahrer, Radfahrer und Jogger die Grünanlage. Aber auch für Familien mit Kindern bieten sich tolle Möglichkeiten.

ÖPNV	Mit der S 5 bis Haltestelle Kühler Krug, dann die Kriegsstraße queren oder mit der Linie 1 Richtung Oberreut bis zur Haltestelle Europahalle/Europabad.
Informationen	**Stadtjugendausschuss Karlsruhe e. V.** Absolute Top-Spielangebote für Kinder zwischen 6 und 14 Jahren! Je nach Projekt oder Angebot können die Kinder basteln, werkeln, Hütten bauen, toben, klettern, Indianer oder Zirkusartist sein – für Kinder ein echtes Erlebnis!

Gleich bei der Gaststätte befindet sich ein sehr schöner Spielplatz mit vielfältigen Klettermöglichkeiten, Schaukeln und einer Wasserpumpe. Ganz außergewöhnliche Spielmöglichkeiten bieten sich den Kindern auf dem Aktivspielplatz (Nähe Haltestelle Europahalle/Europabad). Der Aktivspielplatz ist ein Projekt des Stadtjugendausschusses Karlsruhe e. V., der auf dem Gelände mehrmals pro Woche pädagogisch betreutes Spielen anbietet. Schön und obendrein informativ ist es, an der Alb entlang zu spazieren. Hinter dem Spielplatz beim „Kühlen Krug" an der Alb wurde ein Gewässerlehrpfad angelegt, der Inter-

>  **TIPP**
>
> Ausgewählte Angebote des Stadtjugendausschusses
>
> Mobile Spielaktion: www.mobi-aktion.de
>
> Aktivspielplätze: www.stja.de/kinder-und-jugendeinrichtungen/schwerpunkte/natur-outdoor-mobil.html

Günther-Klotz-Anlage

Steinmännchen in der Alb. Probieren Sie es doch auch einmal!

Günther-Klotz-Anlage

Am Gewässerlehrpfad in der Günther-Klotz-Anlage

essantes zum Thema Renaturierung, Wasser und Wasserversorgung bietet. Wer es gerne sportlich mag, kann die Beachvolleyball- und Basketballfelder, den Skateplatz oder die Tischtennisplatten nutzen. Die großen Spielwiesen eignen sich auch hervorragend zum Drachen steigen lassen. Oder man macht es sich am See gemütlich, picknickt, beobachtet die Enten und mietet sich vielleicht eins der kleinen Ruderboote.

Jedes Jahr am letzten Wochenende vor den baden-württembergischen Sommerferien findet in der Günther-Klotz-Anlage das **FEST** *statt, eine der größten Open-Air-Veranstaltungen Deutschlands. Auf dem FEST gibt es vor allem viel gute Musik, darüber hinaus wird aber auch ein reiches Kinder- und Familienprogramm angeboten. Seit 2010 wird für den Musikbereich ein geringer Eintritt erhoben, der Zugang zum Sport- und Familienbereich ist jedoch nach wie vor kostenlos. Weitere Infos unter www.dasfest.net*

Horbachpark Ettlingen

Gemütlicher Spaziergang mit vielen tollen Spielmöglichkeiten. Am Horbach gibt es einen Wasserspielplatz, also an Wechsel- bzw. Badekleidung denken! Große Spiel- und Liegewiese – wie wäre es mit einem Picknick? Wer gerne länger im Grünen spazieren möchte, kann auch an der Haltestelle Erbprinz aussteigen und durch die Grünanlage bachaufwärts bis zum Wald und weiter auf der rechten Seite den Saumweg z. B. bis Ettlingenweier gehen. Der Saumweg verläuft am Waldrand und bietet herrliche Aussicht auf Wiesen, Felder und das Rheintal. Auch ein Stadtbummel durch die Ettlinger Altstadt lohnt sich (▶ S. 52), dazu ein leckeres Eis – ein wunderschöner Ausflug für die ganze Familie!

Länge	Spaziergang durch den Horbachpark 1,5 km
ÖPNV	S 1/S 11 bis Ettlingen Haltestelle Albgaubad. Die Bahnen fahren etwa alle 10 Minuten.
Mit dem Auto	Wer unbedingt mit dem Auto fahren möchte: Am Albgaubad gibt es einen großen gebührenfreien Parkplatz.
Informationen	**Kinderkunstschule** aktuelle Infos unter www.ettlingen.de/,Lde/startseite/Kultur/Kinder+im+Museum.html

Von der Haltestelle aus gehen wir über den Wattkopfweg und den Parkplatz. Hinter dem Parkplatz befindet sich ein sehr schöner Spielplatz mit Riesenrutsche, Wasserpumpe, tollen Klettermöglichkeiten und Seilbahn. Wenn wir an der Seilbahn vorbei gehen, kommen wir an das Ende des Horbachparks. Die Parkanlage rund um den Horbach wurde für die Landesgartenschau 1988 an-

Horbachpark Ettlingen

Bei schönem Wetter ist hier einiges los: Wasserspielplatz im Horbachpark.

gelegt und ist bestens geeignet für Kinderwagen und Laufradfahrer. Wir folgen dem Bachlauf 1 km bis zum Wasserspielplatz, der bei schönem Wetter meist gut besucht ist. Hier können die Kinder nach Herzenslust plantschen, buddeln oder ausgeklügelte Kanalsysteme anlegen. Direkt daneben befinden sich tolle Spielgeräte, die eher für ältere Kinder geeignet sind. Der Horbach fließt wenige Meter weiter in den Horbachsee, wo man oft Modellbauer mit ihren Booten sehen kann (Achtung: „Benziner" sind nicht zugelassen). Leider ist das Baden im See nicht gestattet. Am Parkausgang (Middelkerker Straße) geht es dann nach rechts in die Ettlinger Altstadt (Fußweg 500 m). Ein Ausflug in

Horbachpark Ettlingen

Auf dem Ettlinger Marktplatz

den Horbachpark lässt sich auch gut mit einem Museumsbesuch verbinden. Das Ettlinger Schloss bietet neben den Dauerausstellungen zur Schloss- und Stadtgeschichte museumspädagogische Veranstaltungen für Kinder, z. B. im Rahmen der Kinderkunstschule. Oder man springt im Albgaubad ins kühle Nass. Das Hallenbad hat einen schönen Kleinkindbereich und eine neue Wasserrutsche, die allerdings eher für ältere Kinder geeignet ist. Im Außenbereich gibt es seit 2008 einen Wasser-Abenteuer-Spielplatz mit Grotte, Wasserwehren und Kleinkindrutsche.

Freizeitanlage Muggensturm

Diese Parkanlage am Ortsrand von Muggensturm (Hauptstraße 33–35) bietet für große wie für kleine Kinder jede Menge Spiel und Spaß. Hauptattraktion ist der Abenteuerspielplatz mit Riesenrutsche, Kletterwand, Spielbach u. v. m. Außerdem gibt es ein Tiergehege mit Schafen, Ponys und Ziegen sowie einen Ententeich. Neben dem Spielplatz befindet sich eine Minigolfanlage. Für einen Spaziergang empfiehlt sich der Kunstpfad am Federbach entlang. Nicht weit von der Anlage ist der Kaltenbachsee, ein gemütlicher kleiner Badesee, gelegen, der ebenfalls einiges zu bieten hat (▶ S. 123).

Variante	Fahrradtour Ettlingen – Malsch – Muggensturm 15 km einfache Strecke
ÖPNV	S 31/32 oder R4 ab Karlsruhe Hbf bis Muggensturm
Mit dem Auto	ab Karlsruhe auf der L 605, dann auf die B 3 Richtung Rastatt/Malsch, weiter auf die Muggensturmer Straße (L 67), 20 km
Informationen	**Unimog-Museum Gaggenau** Di–So 10–17 Uhr, 4,90 €, erm. 3,90 € www.unimog-museum.de

Für ältere Kinder empfiehlt sich, den Ausflug auch mit einer schönen Fahrradtour zu verbinden. Von Ettlingen, Haltestelle Ettlingen Stadt (mit der S 1/S 11 ab Karlsruhe), fährt man die Wilhelmstraße bis zum Horbachpark, dann den Horbach entlang bis zur Quelle und weiter bis zum

Abenteuerspielplatz in der Freizeitanlage Muggensturm

Freizeitanlage Muggensturm

Der Kunstpfad ist ein Projekt des Muggensturmer KreativKreises.

Panoramaweg/Saumweg (rechts) und folgt dann der Beschilderung bis Malsch. Hinter Sulzbach fährt man ein kurzes Stück auf dem Fahrradweg, der parallel zur L 607 verläuft. In Malsch

Freizeitanlage Muggensturm

hinter der Kreuzung (L 607/ L 608) rechts halten bzw. der Beschilderung Richtung Muggensturm folgen. Hinter Malsch kommen wir durch den Federbachbruch – ein Moor- und Sumpfgebiet, seit 1983 ausgewiesenes Naturschutzgebiet und ein herrliches Stück Natur. Wir queren die L 67 und halten uns links. Nach etwa 500 m kann man bereits die Tiergehege sehen.

Wer mit dem Auto unterwegs ist, kann den Ausflug nach Muggensturm auch mit einem interessanten Museumsbesuch verbinden. Das **Unimog-Museum Gaggenau** ist eine Hommage an das einzigartige und faszinierende Nutzfahrzeug („Universal-Motor-Gerät"), das eng mit der deutschen Nachkriegsgeschichte verbunden ist und ein halbes Jahrhundert lang in Gaggenau gebaut wurde. Ein Highlight des Museums ist die Fahrt auf dem Außengelände – Besucher sind zum Mitfahren eingeladen. Das Museum liegt an der B 462, Ausfahrt Schloss Rotenfels (ausgeschildert), rund 7,5 km von der Freizeitanlage Muggensturm entfernt. Veranstaltungen und aktuelle Informationen unter: www.unimog-museum.de.

Enzauenpark Pforzheim

Seit der Landesgartenschau 1992 ist der rund 38 Hektar große Enzauenpark ein beliebtes Ausflugsziel in Pforzheim. Die Parkanlage, die fantastische Spielmöglichkeiten bietet, liegt rechts und links der Enz direkt am Enztalradweg. Der Abenteuerspielplatz und besonders der Wasserspielplatz vor dem Gebäude des Pforzheimer Wasserwerks (Kanzlerstraße) sind bei Kindern sehr beliebt. Etwa in der Mitte der Grünanlage befindet sich ein großer Biergarten, in dem man gut und günstig essen oder einfach gemütlich Kaffee trinken kann. Sehr zu empfehlen sind auch der Kinder- und Jugendtag im Mai und die verschiedenen Flohmärkte, die alljährlich auf dem Gelände stattfinden. Infos unter www.pforzheim.de/umwelt-natur/naherholung/enzauenpark.html

Variante	Wanderung (3,5 km) durch den Enzauenpark nach Pforzheim-Eutingen zum Maislabyrinth
ÖPNV	S 5 bis Pforzheim-Eutingen, dann Stadtbuslinie 1 (Richtung Pforzheim Hohlohstraße, Haltestelle Enzauenpark), Fahrtdauer ca. 45 Min.
Mit dem Auto	A 8 bis Ausfahrt Pforzheim-Ost, dann auf die B 10, beim „Famila-Center" links. Der Enzauenpark befindet sich direkt an der B 10, Parkmöglichkeiten am westlichen Ende des Parks an der St. Maur-Eissporthalle (40 km, Fahrtzeit ca. 45 Min.).

Die Hauptattraktion im Enzauenpark ist sicherlich der Wasserspielplatz. Dieser ist bei schönem Wetter gut besucht. Man kann auch sehr schön an der Enz entlang bis Eutingen wandern (von der Eissporthalle bis Eutingen Zentrum sind es etwa 2,5 km) und das Eutinger Maislabyrinth besuchen. Oder man verbindet den Besuch des Parks mit einem Besuch im nahegelegenen Wildpark mit Waldseilgarten (▶ S. 136).

TIPP

Maislabyrinth Eutingen
Juli–Sept
2 €, erm. 1 €
www.maislabyrinth-eutingen.de

Enzauenpark Pforzheim

Der Wasserspielplatz ist je nach Wetter von Mai bis Oktober geöffnet.

Pforzheim ist bekannt für seine Schmuck- und Uhrenindustrie. Wer mehr darüber erfahren möchte, dem sei das Schmuckmuseum Pforzheim (www.schmuckmuseum-pforzheim.de), bzw. das Technische Museum der Pforzheimer Schmuck- und Uhrenindustrie (www.technisches-museum.de) wärmstens empfohlen!

Baggerseen rund um Karlsruhe (Auswahl)

> **TIPP**
>
> Unter http://ka.stadtwiki.net/Baggerseen finden Sie weitere Infos.
>
> Eine Liste der überwachten Badestellen in Baden-Württemberg und eine Badegewässerkarte ist zu finden unter www.lubw.baden-wuerttemberg.de/servlet/is/12521.

Wasser zieht die meisten Kinder geradezu magisch an. Schwimmen, baden, plantschen, Schlauchboot fahren, schnorcheln, Sandburgen bauen – für all das muss man nicht unbedingt bis ans Meer fahren. Rund um Karlsruhe gibt es zahlreiche Badeseen, die dafür bestens geeignet sind. Allerdings gilt laut Rechtsverordnung der Stadt Karlsruhe: „Das Baden in Baggerseen und in öffentlichen Gewässern ist verboten." Daher wird von Seiten der Stadt auch niemand beauftragt, sich um die Badenden zu kümmern. Hier eine Auswahl an Badeseen und Baggerseen mit ausgewiesenen Badebereichen. Achtung: eine Überwachung ist nicht immer gewährleistet!

Badesee Buchtzig

Baggerseen

Badesee Buchtzig
bei Bruchhausen-Ettlingen
www.baeder-ettlingen.de
Mo–Fr 12–20 Uhr,
Sa–So 10–20 Uhr
(in den Sommerferien
verlängerte Öffnungszeiten)
3,50 €, erm. 2,50 € (bis 4 J. frei)
Ein schöner Baggersee mit Sandstrand. Die Anlage ist wie ein Freibad gestaltet und beaufsichtigt. Es gibt Umkleidekabinen, Toiletten, Warmwasser-Duschen, einen Kiosk, einen Spielplatz, eine Liegewiese mit Bäumen, Tischtennisplatten, ein Schachspiel u. v. m. Für Kleinkinder bestens geeignet!

Epplesee
bei Rheinstetten-Forchheim
frei zugänglich
Parkplatzgebühr für PKW 4 €,
ab 16 Uhr 3 €
Sehr beliebter Baggersee (aktive Kiesgrube) mit Sandstrand zwischen Forchheim und Silberstreifen (Neuforchheim). Kiosk und Toiletten sind ebenso vorhanden wie ein Beachvolleyballfeld. Für Kleinkinder geeignet. An Sonn- und Feiertagen stellt die DLRG-Ortsgruppe Südhardt einen Wasserrettungsdienst.

Eggensteiner Baggersee (großer See)
westlich von Eggenstein
frei zugänglich
Großer Baggersee mit Badeecke, Toiletten, Sand- und Grasstrand. Zum Teil geht es schön flach ins Wasser, deshalb für Kleinkinder geeignet. Gastronomie im Fischerheim (Kopfweg 4, Mo und Di Ruhetag).

Baggersee Linkenheim (Streitköpflesee)
bei Linkenheim (hinter dem Gewerbegebiet Schlangenlach)
frei zugänglich
Kleiner, aber sehr hübscher Badesee in einem Waldgebiet mit Gras- und Kiesstrand und einer Insel. Toiletten und ein Kiosk sind vorhanden. Für Kleinkinder geeignet. In der Badesaison von der DLRG-Ortsgruppe Wettersbach überwacht.

Liedolsheimer Baggersee
westlich von Dettenheim-Liedolsheim
frei zugänglich
Großer See mit Gastronomie (Restaurant „Seeterrasse" und Kiosk), schöner großer Sandstrand. In der Saison überwacht durch die DLRG-Ortsgruppe Dettenheim. An der Zufahrtsstraße gibt es zahlreiche Parkplätze.

Sieben-Erlen-See
nordwestlich von Karlsdorf-Neuthard
frei zugänglich
Schöner kleiner Badesee mit Umkleidekabinen, Toiletten, Kiosk, Beachvolleyballfeld. Teile des Ufers stehen unter Naturschutz. Für Kleinkinder geeignet. Nördlich des Badebereichs befindet sich ein kleiner Parkplatz.

Baggerseen

Badesee Weingarten
frei zugänglich
Parkgebühr für PKW 6 €, ab 16 Uhr 4 €, ab 18 Uhr kostenlos
Großer Baggersee im Natur- und Erholungsgebiet „Breitheide" bei Weingarten-Waldbrücke. Sehr sauber, mit Sandstrand und Freizeitanlage (fest installierte Grillmöglichkeiten, Spielgeräte, WC, Volleyballfeld, Spielwiese und Gastronomie). Es geht relativ steil ins Wasser, deshalb eher für ältere Kinder geeignet.

Fermasee
bei Rheinstetten-Neuburgweier
frei zugänglich
Parkgebühr 4 €, ab 16 Uhr 3 €
Der Fermasee ist ursprünglich ein Altrheinarm, Teile des Ufers stehen unter Naturschutz. An der Ostseite befinden sich ein Parkplatz und ein kleiner Strand. Toilette und Kiosk sind vorhanden. Für Kleinkinder geeignet. An Sonn- und Feiertagen stellt die DLRG-Ortsgruppe Südhardt einen Wasserrettungsdienst.

Baggerseen

Badesee Neuburg
am Sportzentrum
im Naherholungsgebiet
Derrück
frei zugänglich
Parkgebühr für PKW 0,50 €
pro Stunde, max. 5 €
Sehr schöner kleiner Baggersee bei Neuburg/Pfalz. Schwimmbadähnliche Anlage mit Umkleidekabinen, WC, Kiosk, Beachvolleyballfeld, Liegewiese, Sandstrand. Für Kleinkinder geeignet. Baden auf eigene Gefahr! Parkplatz am See.

Kaltenbachsee
bei Muggensturm
http://www.muggensturm.de/2292_DEU_WWW.php
9–18 Uhr (Kasse schließt um 18 Uhr, Badebetrieb bei schönem Wetter bis 20 Uhr)
3 €, Kinder ab 10 J. 1 €
Kleiner gemütlicher und sehr sauberer Baggersee (überwacht) mit schönem Sand- und Grasstrand. Es gibt ein extra Kleinkindbecken, ein Beachvolleyballfeld, Tischtennisplatten, einen Surfbrettverleih (allerdings nicht zum Windsurfen gedacht, trotzdem schön zum paddeln oder plantschen, 0,50 € für 30 Min.), schwimmbadähnlich ausgebaut mit Gastronomie am See („Seeterrasse"). Für Familien mit Kleinkindern sehr empfehlenswert!

Goldkanal
nordwestlich von Rastatt am Rhein bei Steinmauern
frei zugänglich
Erweiterter Altrheinarm mit Insel und Verbindung zum Rhein. Bestens geeignet zum Schlauchbootfahren, Windsurfen und Segeln (mehrere Segelclubs vor Ort). Grasstrand. Eher für ältere Kinder geeignet.

Badesee Neuburg

Freibäder in und um Karlsruhe (Auswahl)

Rheinstrandbad Rappenwört (Daxlanden)
Hermann-Schneider-Allee 54
76189 Karlsruhe
☎ 07 21 / 1 33-5229
Freibadsaison (Mai–Sept)
tägl. 9–20 Uhr
3,80 €, Kinder ab 6 J. 2,50 €
Durch seine Lage direkt am Rhein und die Größe der Anlage ist dieses Freibad wirklich einmalig. Da ist für jeden etwas dabei! (▶ S. 42) Gut mit öffentlichen Verkehrsmitteln erreichbar: Linie 2 Haltestelle Rappenwört.

Freibad Rüppurr
Heidelberger Straße 1
76199 Karlsruhe
☎ 07 21 / 1 33-5232
Freibadsaison (Mai–Sept)
tägl. 9–20 Uhr
3,80 €, Kinder ab 6 J. 2,50 €

Sehr schöne und gepflegte Anlage mit vielen abwechslungsreichen Spielmöglichkeiten für große und kleine Wasserratten. Gut mit öffentlichen Verkehrsmitteln erreichbar: S 1/S 11 Haltestelle Schloss Rüppurr.

Turmbergbad Durlach
Alte Weingartener Straße 40
76227 Karlsruhe
☎ 07 21 / 4 10 75
Freibadsaison (Mai–Sept)
tägl. 9–20 Uhr
3,80 €, Kinder ab 6 J. 2,50 €
Jeden Donnerstag wird ein Spielnachmittag (15–17 Uhr) für Kinder angeboten. Gut mit öffentlichen Verkehrsmitteln erreichbar: Linie 1, Haltestelle Turmberg.

Freibad Wolfartsweier
Schlossbergstraße 12
76228 Karlsruhe
☎ 07 21 / 47 45 28
Freibadsaison (Mai–Sept)
Mo–Fr 7–20 Uhr,
Sa–So 8–20 Uhr
3,80 €, Kinder ab 6 J. 2,20 €
Kleines Schwimmbad mit schöner, gepflegter Anlage. Man kann das Bad für Feiern mieten.

Schlechtwettertipps

Hallen- und Erlebnisbäder in und um Karlsruhe (Auswahl)

Europabad Karlsruhe
Hermann-Veit-Straße 5
76134 Karlsruhe
☎ 07 21 / 16 02 24 00
www.ka-europabad.de
Mo–Sa 10–23 Uhr,
So 10–21 Uhr
7 € (für 2 Std., Tarif inkl. Sauna
9 € für 2 Std.),
erm. 5,60 € (für 2 Std., nur Bad),
Kinder unter 1 m 2 €
Zu bestimmten Terminen wird eine Kindersauna angeboten.

Adolf-Ehrmann-Bad Neureut
Unterfeldstraße 46
76149 Karlsruhe
☎ 07 21 / 80 51 60
Di, Fr 14–22 Uhr, Mi 14–18 Uhr,
Do 7–21 Uhr, Sa 8–18 Uhr,
So 8–13 Uhr
3,80 €, Kinder ab 6 J. 2,50 €
Jeden letzten Samstag im Monat von 14–16 Uhr wird ein Kinderspielenachmittag angeboten.

Weiherhofbad Durlach
Weiherhof 13
76227 Karlsruhe
☎ 07 21 / 1 33-5227
Mo, Di, Do 13–22 Uhr,
Mi und Fr 6.30–10 Uhr
und 13–22 Uhr,
Sa 9–20 Uhr, So 9–17 Uhr
Do 13–22 Uhr Familiensauna
(Kinder unter 1,40 m frei)
3,80 €, Kinder ab 6 J. 2,60 €

SaSch Hallenbad mit Sauna Bruchsal
Sportzentrum 7
76646 Bruchsal
☎ 0 72 51 / 70 62 61
www.sasch-bruchsal.de
Di und Do 10–22 Uhr,
Mi 7.30–22 Uhr, Fr 13–22 Uhr,
Sa 10–22 Uhr, So 9–22 Uhr
4 €, Kinder ab 6 J. 3 €
Sonn- und feiertags wird zwischen 10.30 und 14 Uhr eine Kinderspielstunde angeboten.

Albgaubad Ettlingen
Luisenstraße 14
76275 Ettlingen
☎ 0 72 43 / 10 18 11
Di–Do 10–22 Uhr, Fr 8–22 Uhr,
Sa–So 10–19 Uhr
4,50 €, Kinder ab 4 J. 2,50 €
Schöner Kleinkindbereich!

Indoorspielplätze

Kindorado
Daimlerstraße 7
76185 Karlsruhe
☎ 07 21 / 7 90 89 05
www.bambini-spielpark.de

Schlechtwettertipps

Mo–Fr 14–19 Uhr,
Sa–So 10–19 Uhr
Mo–Do Kinder 2–12 J. 6,90 €,
Fr–So Kinder 2–12 J. 7,90 €,
Erw. 3,90 €,
ab 17.30 Uhr „Happy Hour",
2 € Ermäßigung für Kinder

kids2kids Bruchsal
Brunnenweg 12
76646 Bruchsal
☏ 0 72 51 / 4 41 47 00
www.kids2kids-bruchsal.de
Mo–Fr 14–19 Uhr,
Sa–So 10–19 Uhr
Kinder ab 2 J. 6 €, Erw. 3 €

Klabauterland Philippsburg
Lochwiesen – beim Sportplatz
76661 Philippsburg
☏ 0 72 56 / 80 06 00
www.klabauterland.de
Mo–Fr 14–19 Uhr,
Sa–So 10–19 Uhr
Kinder ab 80 cm 7 €, Erw. 4 €

Kino und Theater für Kinder in Karlsruhe

Kino

Schauburg Karlsruhe
Marienstraße 16
76137 Karlsruhe
☏ 07 21 / 3 50 00 18
www.schauburg.de/kinderfilme.php
Kinderkino: Mai bis November täglich um 15 Uhr, tolle Kinoatmosphäre
2,99 €

Kinemathek
Kaiserpassage 6
76133 Karlsruhe
☏ 07 21 / 83 18 53 00
www.kinemathek-karlsruhe.de
Kinderkino 2,50 €

Filmpalast am ZKM
Brauerstraße 40
76135 Karlsruhe
www.filmpalast.net
Angebot „Happy Family":
Mo–Fr vor 18 Uhr zahlen Erwachsene in Begleitung von Kindern unter 12 Jahren bei Filmen für Kinder den Kinderpreis.

Theater

Sandkorn-Theater
Kaiserallee 11
76133 Karlsruhe
☏ 07 21 / 84 89 84
www.sandkorn-theater.de
Das Sandkorn-Theater ist ein professionelles privates Theater mit dem Schwerpunkt Kinder- und Jugendtheater und Kleinkunst. 2013 wurde es erneut als besonders familienfreundlich ausgezeichnet.

Marotte
Kaiserallee 11
76133 Karlsruhe
☏ 07 21 / 84 15 55
www.marotte-figurentheater.de
6 € (bei Kindern mit mehr als einer Begleitperson jeder weitere Erw. 8 €)

Schlechtwettertipps

marotte Figurentheater Karlsruhe

Kaiserallee 11
76133 Karlsruhe
0721-841 555

Das marotte-Figurentheater

- seit 25 Jahren festes Haus in Karlsruhe
- bekannt durch seine kindgerechten und professionellen Stücke
- Gastspiele in ganz Deutschland, Österreich und der Schweiz
- breites Spektrum an Figurenarten und Repertoire

Kinderstücke für alle Altersgruppen schon ab 3 Jahren

www.marotte-figurentheater.de

Liebevoll gestaltete und gespielte Stücke mit Marionetten oder Handpuppen, witzig und originell, für Kinder bis 10 Jahre. Reservierung wird empfohlen!

Die Käuze
Königsberger Straße 9
76139 Karlsruhe
☎ 07 21 / 68 42 07
www.kaeuze.de
8 €, erm. 6 € bei Kinder- und Jugendstücken
Das „einzige Kellertheater der Stadt" mit originellem Programm für Große und Kleine sowie weiteren lohnenswerten Veranstaltungen.

TIPP

Nach einem schönem Theaterbesuch in der Marotte oder im Sandkorn-Theater noch ins Café Bleu (Tagesgerichte ab 3,90 €) oder auf den Spielplatz hinter dem Theatergebäude. Oder beides!

Schlechtwettertipps

Museen mit speziellen Angeboten für Kinder

>  **TIPP**
>
> Wer oft und gerne mit der Familie ins Museum geht, für den lohnt sich der **Museumspass** (früher: Oberrheinischer Museumspass). Jahreskarte je nach Tarif zwischen 76 und 132 €.
>
> www.museumspass.com

Karlsruhe

Badisches Landesmuseum Karlsruhe
Schlossbezirk 10
76131 Karlsruhe
☎ 07 21 / 9 26-6514
www.landesmuseum.de/website/Deutsch/Museumspaedagogik.htm
Di–Do 10–17 Uhr,
Fr–So, Feiertage 10–18 Uhr
Eintritt variiert je nach Ausstellung.
Familienfreundliches Museum im Karlsruher Schloss mit spannenden Ausstellungen zu verschiedenen geschichtlichen Epochen. Es kann viel erforscht und ausprobiert werden! Das Museum bietet ein reiches Kinder- und Familienprogramm, z. B. spezielle Familienführungen, einen Kinder-Audioguide zur Mittelalterausstellung (Leihgebühr 2 €), Themenwerkstätten und Ferienaktionen.

Pfinzgaumuseum
Karlsburg Durlach,
Eingang B
Pfinztalstr. 9
76227 Karlsruhe
☎ 07 21 / 1 33-4217
Sa 14–17 Uhr, So 10–17 Uhr
Eintritt frei
Das Pfinzgaumuseum hat für Kinder eine Menge zu bieten: Es erzählt nicht nur die Stadtgeschichte Durlachs, man kann auf dem historischen Dachspeicher auch vieles über die Geschichte von Landwirtschaft und Handwerk und das ganz alltägliche Leben in früheren Zeiten erfahren. Jedes Jahr im September veranstaltet das Museum einen Kindertag.

Staatliche Kunsthalle
Hans-Thoma-Straße 2–6
76133 Karlsruhe
☎ 07 21 / 9 26-3359
www.kunsthalle-karlsruhe.de/de/vermittlung.html
Di–Fr 10–17 Uhr,
Sa–So 10–18 Uhr
Eintritt variiert je nach Ausstellung
Kindermuseum: Kleine Farbkünstler kommen hier voll auf ihre Kosten. In Malkursen (für Kinder ab 5 J.) können sie so richtig kreativ sein oder es werden (Kosten ca. 3,50 €).

Staatliches Museum für Naturkunde
Erbprinzenstraße 13
76133 Karlsruhe
☎ 07 21 / 1 75-2111

Schlechtwettertipps

www.smnk.de/wissensvermittlung/
angebote-fuer-kinder/kinderkurse
Di–Fr 9.30–17 Uhr,
Sa–So 10–18 Uhr,
3 € (während Umbau),
Kinder ab 6 J. 2 €
Hauptattraktion für große und kleine Kinder ist das Vivarium des Museums. Fische, Echsen, Spinnen und viele andere Tiere erwarten dort die jungen Besucher. Spaß haben die Kinder sicher auch in der Ausstellung zur Erdgeschichte: Hier erfährt man viel Interessantes über Dinosaurier, Fossilien und die Erdzeitalter. Ihrem Forscherdrang können die Kinder in verschiedenen Kursen nachgehen. Hier wird Wissenschaft erlebbar gemacht!

TIPP

Bei Vorlage einer höchstens vier Wochen alten Eintrittskarte des Karlsruher Zoos gibt es eine Ermäßigung.

Stadtmuseum im PrinzMaxPalais
Karlstraße 10
76124 Karlsruhe
☎ 07 21 / 1 33-4231
Di, Fr, So 10–18 Uhr,
Do 10–19 Uhr,
Sa 14–18 Uhr
Eintritt frei
Kinder- und Jugendbibliothek:
Di und Do 10–19 Uhr,
Mi und Fr 10–18 Uhr,
Sa 10–14 Uhr
Im Stadtmuseum kann man viel Spannendes zur Stadtgeschichte Karlsruhes erfahren. Bedeutende Persönlichkeiten, Orte und Ereignisse sind anschaulich dargestellt. Direkt an das Stadtmuseum angeschlossen ist die Kinder- und Jugendbibliothek.

Städtische Galerie
Lorenzstraße 27
76135 Karlsruhe
☎ 07 21 / 1 33-4444
www.karlsruhe.de/b1/kultur/
kunst_ausstellungen/museen.de
Mi–Fr 10–18 Uhr,
Sa–So 11–18 Uhr
Dauerausstellung: 2,60 €, erm. 1,80 €, Fr ab 14 Uhr frei, Kinder und Jugendliche bis 18 J. frei.
Kinderaktionen: 2 € pro Kind
Jeden Sonntag können Kinder in der Kinderwerkstatt der Städtischen Galerie auf Entdeckungsreise zu einem interessanten Thema der Ausstellung gehen. Durch die gemeinsam betrachteten Bilder sind dann beim anschließenden eigenen Gestalten der Kreativität keine Grenzen gesetzt.

Verkehrsmuseum
Werderstraße 63
76137 Karlsruhe
☎ 07 21 / 37 44 35
www.karlsruhe.de/b1/kultur/
kunst_ausstellungen/museen.de
So 10–13 Uhr
3 €, Kinder ab 6 J. 1 €

Schlechtwettertipps

Ehrenamtlich betriebenes und liebevoll gepflegtes kleines Museum. Das Verkehrsmuseum bietet allerlei Interessantes für Technikinteressierte. Die historische Märklinanlage ist ein Muss für Modellbahnfreunde!

ZKM | Zentrum für Kunst und Medientechnologie

Lorenzstraße 19
76135 Karlsruhe
☏ 0721 / 81 00-0
http://on1.zkm.de/zkm/fuehrungen
Mi–Fr 10–18 Uhr,
Sa–So 11–18 Uhr
Eintritt je nach Museum verschieden, günstige Familientickets
Ein großer Spaß für die ganze Familie und interaktiv im wahrsten Sinne! Es gibt sehr viel zu entdecken und auszuprobieren. So kann man die Ausstellung spielerisch durchlaufen und erfährt nebenbei Wissenswertes über Medientechnologien. Beide Museen, sowohl das ZKM | Medienmuseum als auch das ZKM | Museum für Neue Kunst im bieten Führungen speziell für Kinder (sehr empfehlenswert) und Workshops zu verschiedenen Themen.

In der Region

Indianermuseum Bretten

Steinzeugstraße 33–35
75015 Bretten
☏ 0 72 52 / 96 57 58
www.indianermuseum-bretten.de
Ostern bis Ende Sept
Di–So 14–18 Uhr,
übrige Zeit Fr–So 14–17 Uhr
6 €, Kinder je nach Größe
bis max. 3,50 €

U-Boot- und Marinemuseum Bretten

Steinzeugstraße 33–35
75015 Bretten
☏ 0 72 52 / 96 57 58
Ostern bis Ende Sept
Di–So 14–18 Uhr,
übrige Zeit Fr–So 14–17 Uhr
3 €, Kinder ab 1 m 2 €
www.u-bootmuseum.eu
Im Obergeschoss des Indianermuseums.

Auto & Technik Museum Sinsheim

Museumsplatz
74889 Sinsheim
☏ 0 72 61 / 92 99-0
www.sinsheim.technik-museum.de
Mo–Fr 9–18 Uhr,
Sa–So 9–19 Uhr
14 €, Kinder 6–14 Jahre 12 €,
bis 5 J. frei (div. Kombitickets möglich z. B. Sinsheim–Speyer, Sinsheim–Tripsdrill u. a.)

Technik Museum Speyer

Am Technik Museum 1
67346 Speyer
☏ 0 62 32 / 67 08-0
www.speyer.technik-museum.de
Mo–Fr 9–18 Uhr,
Sa–So 9–19 Uhr
14 €, Kinder 6–14 Jahre 12 €,
bis 5 J. frei (div. Kombitickets möglich)

Schlechtwettertipps

Carl-Zeiss-Planetarium Stuttgart
Willy-Brandt-Straße 25
70173 Stuttgart
☏ 07 11 / 1 62 92 15
www.planetarium-stuttgart.de
Di–Fr 9–11.30 Uhr
und 14–16.30 Uhr,
Mi und Fr auch 19–21.30 Uhr,
Sa–So 13–19.30 Uhr
6 €, erm. 4 €
Sa und So um 14 Uhr spezielles Kinderprogramm für Kinder zwischen 4 und 9 Jahren

Schloss Neuenbürg
Schloss Neuenbürg
75305 Neuenbürg
☏ 0 70 82 / 79 28 60
www.schloss-neuenbuerg.de
Di–Sa 13–18 Uhr,
So 10–18 Uhr
4,50 €, Kinder ab 6 J. 3 €

> ### 💡 TIPP
>
> In Neuenbürg gibt es auch ein interessantes Bergwerk zu besichtigen.
> April–Ende Okt
> Sa–So 10–17 Uhr
> www.frischglueck.de

Empfehlenswert für Familien ist die Ausstellung „Das kalte Herz" nach dem Märchen von Wilhelm Hauff.

Deutsches Musikautomaten-Museum Bruchsal
Schloss Bruchsal
76646 Bruchsal
☏ 0 72 51 / 74 26 52
www.dmm-bruchsal.de
Di–So 10–17 Uhr
5 €, erm. 2,50 €
Das Museum für mechanische Musikinstrumente und Musikautomaten, eine Außenstelle des Badischen Landesmuseums Karlsruhe, ist eines der bedeutendsten seiner Art. Für Kinder zwischen 6 und 12 Jahren bietet das Museum spezielle Führungen an (mit Notenstanzaktion).

Mercedes Benz Museum Stuttgart
Mercedesstraße 100
70372 Stuttgart
☏ 07 11 / 1 73 00 00
www.automuseum-stuttgart.de
Di–So 9–18 Uhr
8 €, erm. 4 €, bis 14 J. frei
Firmen- und Entwicklungsgeschichte der Marke Mercedes-Benz, vor allem für ältere Kinder interessant.

Weitere Ausflugstipps

Freizeitparks

Kraichgau Märchenwald
Klosterstraße 101
75057 Kürnbach
☎ 0 72 58 / 14 96
www.maerchenwald-kuernbach.de
April–Okt Mo–Fr 12–18 Uhr,
Sa–So 10–18 Uhr
Erw. und Kinder ab 3 J. 3,50 €,
Go-Kart-Bahn 2,50 € pro Fahrt
Kleiner Freizeitpark in einem Waldstück bei Kürnbach, besonders für Kleinkinder gut geeignet. In kleinen Häuschen sind Szenen aus bekannten Märchen mit Puppen nachgestellt und auf Knopfdruck wird die Geschichte erzählt. Zum Teil sind die Szenen etwas angestaubt, was die Kinder aber überhaupt nicht stört. Außerdem gibt es allerlei Spielgeräte und Fahrzeuge. Für größere Kinder gibt es eine Go-Kart-Bahn und eine Geländebahn für selbst mitgebrachte ferngesteuerte Modellautos. Nett für den Sonntagnachmittag.

> **💡 TIPP**
>
> Es empfiehlt sich, 50-Cent- und 20-Cent-Münzen mitzunehmen, da einige Fahrzeuge und Spiele mit Münzeinwurf funktionieren.

Märchengarten Schloss Ludwigsburg
Mömpelgardstraße 28
71640 Ludwigsburg
☎ 0 71 41 / 97 56 50
www.blueba.de
Märchengarten 9–18 Uhr,
nach 3. Okt bis Saisonende
10–17.30 Uhr, Park 7.30–20 Uhr
8 €, Kinder ab 4 J. 3,90 €,
Familienkarte (2 Erw. und
2 Kinder) 21,50 €
Der Märchengarten gehört zu der Parkanlage rund um das Schloss Ludwigsburg. Es gibt liebevoll gestaltete Häuschen, in denen Szenen aus bekannten Märchen mit Puppen nachgestellt sind. Will man wirklich alle Geschichten und Märchen in Ruhe ansehen und -hören, ist ein Tag fast zu knapp! Weitere Attraktionen sind die Bootsfahrt auf dem Märchenfluss und die kleine Lok, die zu einer Rundfahrt einlädt. Außer dem Märchengarten sind

> **💡 TIPP**
>
> Ein Blick auf die Website lohnt sich! Im Park und rund um das Schloss finden regelmäßig Sonderveranstaltungen statt, z. B. die Kürbisausstellung im Herbst, das Märchenfest oder das Straßenmusikfestival.

Weitere Ausflugstipps

die Gewächshäuser, die Voliere und die historischen Spielgeräte absolut sehenswert. Das historische Karussell ist tatsächlich in Betrieb (tägl. von 11–16 Uhr, eine Fahrt kostet 1,30 €).

Märchengarten Ludwigsburg

Weitere Ausflugstipps

Märchenparadies Heidelberg
Königstuhl 5a
69117 Heidelberg
☎ 0 62 21 / 2 34 16
Juli–Aug tägl. 10–19 Uhr,
Sept–Nov tägl. 10–17 Uhr
bei guter Witterung
Mo–Sa 2 €, Kinder ab 2 J. 3 €,
Ferien, Sonn- und Feiertage 3 €,
Kinder ab 2 J. 4 €

An sogenannten Märchenpavillons kann man den Märchen und Geschichten lauschen, wie der Geschichte vom Lügenbaron von Münchhausen oder dem Märchen vom Rumpelstilzchen. Außerdem gibt es Geschicklichkeitsspiele, Mini-Autoscooter, eine Hexenreitbahn u. a. Mit der Parkeisenbahn kann man einen ersten Eindruck von der Anlage gewinnen. Es empfiehlt sich, 50-Cent-Münzen mitzunehmen, da einige der Attraktion extra bezahlt werden müssen. Rund um das Märchenparadies führt ein Walderlebnispfad, der für die Kinder viele Überraschungen bereithält. Den Walderlebnispfad kann man mit einem Besuch des Märchenparks ganz schön kombinieren (2 km, für Kinderwagen geeignet).

Seewald-Freizeitpark Enzklösterle-Poppeltal
75337 Enzklösterle-Poppeltal
☎ 0 70 85 / 78 12
26. März–Ende Okt
tägl. 10–18.30 Uhr
Fahrt mit der Sommerrodelbahn 3 €,
Kinder ab 8 J. 2,50 €

Hauptattraktion ist die 900 m lange Riesenrutsche. Weitere Attraktionen sind die Kinder-Bergeisenbahn, die Wasserpumpbahn und das Trampolin.

Zoos und Tierparks

Zoologischer Garten Karlsruhe
Ettlinger Straße 6
76137 Karlsruhe
☎ 07 21 / 1 33-6815
www.karlsruhe.de/b3/freizeit/zoo.de
Mai–Sept 8–18 Uhr Kasse Süd
6,50 €, Kinder ab 6 J. 3 €

Der 1865 eröffnete Zoo ist einer der ältesten seiner Art in Deutschland. Zusammen mit dem Stadtgarten ist er eine sehenswerte Anlage im Stadtzentrum und nicht nur an Wochenenden ein Top-Ausflugsziel für die ganze Familie. Bis 2015, dem 300-jährigen Stadtjubiläum Karlsruhes, soll der Zoo nach und nach erweitert werden. So wird z. B. das alte Tullabad in ein Haus für exotische Tiere und Zoopädagogik umgebaut. Eine weitere Attraktion im Zoo ist der See, auf dem man mit kleinen Booten eine Rundfahrt unternehmen kann. Außerdem gibt es zwei schöne Spielplätze und nette Einkehrmöglichkeiten.

> ### 💡 TIPP
> Der Tierpark Oberwald, eine Dependance des Zoos, ist frei zugänglich ( S. 14).

Weitere Ausflugstipps

Zoo Landau in der Pfalz
Hindenburgstraße 12
76829 Landau
☎ 0 63 41 / 13 70 10
www.zoo-landau.de
April–Sept 9–18 Uhr, März und Okt 9–17 Uhr, Nov–Feb 10–16 Uhr
6,50 €, Kinder ab 13 J. 4,50 €, ab 4 J. 3,50 €
Schöne Anlage. Eine Attraktion ist die Freiflughalle „Afrika" und wohl einzigartig ist der Bereich der Elwetritschen, einer ganz besonderen Tierart …

Wilhelma Stuttgart
Wilhelma 13
70376 Stuttgart
☎ 07 11 / 54 02-0
www.wilhelma.de
8.15–16 bzw. 18 Uhr (je nach Monat)
12 €, Kinder ab 6 J. 6 €
Benannt nach Wilhelm I., der die Anlage Mitte des 19. Jahrhundert in Auftrag gab, ist der Park kulturelles Erbe und beliebtes Ausflugsziel. Mit über 1000 Tierarten ist der Zoo der artenreichste Deutschlands. Man sollte auf jeden Fall einen ganzen Tag einplanen, um den botanischen und zoologischen Garten zu genießen!

TIPP
An manchen Samstagen gibt es kostenlose Führungen mit den Tierpflegern.

Deutschlands größter Reptilienzoo –
Sehen – Staunen – Fühlen

GR. LANDSCHILDKRÖTE
NASHORNLEGUAN
KÖNIGSKOBRA

- Tierpatenschaften
- Familienausflug
- Schulausflug
- Frühstücksbuffet
- Reptilien Workshops
- Tierpräsentationen
- Schaufütterungen
- Zoonacht
- Schlangenfütterung
- Kindergeburtstag

Reptilium -Terrarien- und Wüstenzoo
WERNER-HEISENBERG-STR. 1 * 76829 LANDAU / PFALZ * (NEUE MESSE)
TEL. 06341/5100-0 * TÄGL. GEÖFFNET VON 10 - 18 UHR
WWW.REPTILIUM.DE

Weitere Ausflugstipps

Reptilium Pfalz
Werner-Heisenberg-Straße 1
76829 Landau
☎ 0 63 41 / 5 10 00
www.reptilium.de
10–18 Uhr
14,50 €, Kinder ab 15 J. 11 €,
ab 5 J. 9,50 €

> 💡 **TIPP**
>
> Am letzten Donnerstag im Monat gilt ein spezielles Familienangebot: Erwachsene 9 €, Kinder 3,50 €

Wild- und Wanderpark Silz
76857 Silz/Pfalz
☎ 0 63 46 / 55 88
www.wildpark-silz.de
Mitte März–Mitte Nov ab 9 Uhr,
Mitte Nov–Mitte März
ab 10 Uhr
6 €, Kinder 6–16 J. 3,50 €,
3–5 J. 2 €
Auf dem sehr weitläufigen Gelände sind 15 europäische Tierarten zu sehen. Highlight für die Kinder ist der Bereich, in dem man zwischen dem Damwild spazieren kann. Mit etwas Glück kommt man den Tieren sehr nahe. Es gibt zwei Routen durch den Park: eine kurze (ca. 1 Stunde) und eine lange (ca. 2 Stunden). Gastronomie vorhanden. Von April bis Oktober findet täglich um 11 Uhr die Wolfsfütterung statt.

> 💡 **TIPP**
>
> Bei telefonischer Anmeldung können Sie die Grillhütte kostenlos mieten.

Tierpark Bretten
Salzhofen 9
75015 Bretten
☎ 0 72 52 / 72 56
www.tierpark-bretten.de
März–Okt tägl. 9–18 Uhr,
Nov 9–17 Uhr,
Dez–Feb geschlossen
4 €, erm. 2 €, Tierfutter 1 €
Absolut empfehlenswertes Ausflugsziel. In begehbaren Gehegen kann man die Tiere füttern und streicheln. Vor allem die frechen Ziegen machen den Kindern Spaß. Ziehen Sie Kleidung an, die schmutzig werden darf!

Wildpark Pforzheim
Tiefenbronner Straße 100
75175 Pforzheim
☎ 0 72 31 / 39 33 28
www.wildpark.pforzheim.de
frei zugänglich, Parkgebühr
Mo–Fr 2 €, Sa–So 5 €,
Tierfutter 1 €
Die meisten Tiere darf man auch füttern, das macht den Kindern viel Spaß. Außerdem gibt es zwei schöne Spielplätze und einen Waldklettergarten, für Kinder ab 7 Jahre (www.cs-naturkonzepte.de). Rund ums Jahr finden im Wildpark zahlreiche Veranstaltungen statt, so z. B. Bastelnachmittage, Thementage wie Honigschleudern, „Rund ums Obst" oder „Vom Korn zum Brot", das Wildpark Sommerfest oder ein Adventsmarkt.

Weitere Ausflugstipps

In den Gemeinden rund um Karlsruhe gibt es einige liebevoll gepflegte Vogelparks, die durchaus ein lohnendes Ausflugsziel für einen schönen Nachmittag sind. Oder man kombiniert den Besuch mit einer Fahrradtour oder einer kleinen Wanderung. Hier stellvertretend zwei hübsche Anlagen:

Vogelpark in Linkenheim-Hochstetten
Verein der Natur- und
Vogelfreunde 1974 e. V.
Am Altrhein 1
76351 Linkenheim-Hochstetten
(Navi: bitte Rheinstraße 12 eingeben, hier geht es dann links, 100 m zum Vogelpark)
www.vogelpark-linkenheim.de
33 Volieren, 5 Großvolieren, ein Ententeich und eine Stelzwiese, alles sehr gepflegt – der Vogelpark kann sich sehen lassen!

Vogelpark Leopoldshafen
Höfleiner Straße
76344 Eggenstein-Leopoldshafen
☎ 0 72 47 / 2 10 14
Tägl. ab ca. 10 Uhr
Schöne gepflegte Anlage auf dem Gelände einer ehemaligen Baumschule. Neben diversen Volieren, einem Ententeich, einer Großvoliere und einer Stelzwiese gibt es auch ein Ziegen- und ein Damwildgehege.

Spaß und Action im Winter

Mit einer Jahresdurchschnittstemperatur um die 10 °C ist das Klima in Karlsruhe sehr mild. Das gilt auch für den Karlsruher Winter. Viel Schnee gibt es selten. Wenn es aber mal geschneit hat, trifft man sich in der **Günther-Klotz-Anlage zum Schlittenfahren** (▶ S. 109). Im Dezember und im Januar kann man außerdem auf dem Friedrichsplatz Schlittschuhlaufen. Die Karlsruher Stadtwerke bauen dort alljährlich eine **Kunsteislaufbahn** auf. Für Kinder ab 3 Jahren werden regelmäßig Eislaufkurse angeboten.

Im nahe gelegenen Schwarzwald gibt es im Winter normalerweise reichlich Schnee zum Schlittenfahren, langlaufen oder um einen schönen Winterspaziergang zu machen. Hier eine Auswahl an winterlichen Ausflugsmöglichkeiten:

Eistreff Waldbronn
Ermlis-Allee 1
76337 Waldbronn
☏ 0 72 43 / 76 66 22
www.eistreff-waldbronn.de
ÖPNV: S 1/S 11 bis Haltestelle Busenbach Bahnhof, dann mit dem Bus Linie 115 bis Haltestelle Eistreff

Schlittenhang auf der Talwiese in Bad Herrenalb/Gaistal

Spaß und Action im Winter

Nov–Mitte März
Fr 15–23 Uhr,
Sa 10–23 Uhr,
So 10–18 Uhr
6 €, Kinder ab 6 J. 5 €,
Schlittschuhverleih
ab 3,50 €
Es gibt zwei große Eislaufhallen, die durch eine Passage miteinander verbunden sind. An der Pisten-Bar kann man Getränke und Snacks kaufen.

St. Maur Eissporthalle Pforzheim
Hohwiesenweg 4
75175 Pforzheim
☎ 0 72 31 / 56 09 56
www.ccp-pforzheim.de
Sept–März
5,50 €, Kinder ab 6 J. 4 €,
Schlittschuhverleih 3,50 €
Die Halle liegt am westlichen Ende des Enzauenparks. An der Pisten-Bar Eisblume kann man Getränke und Snacks kaufen. Sonntag ist von 10–22 Uhr Familientag.

Eisarena Baden-Baden
auf dem Augustaplatz
Baden-Baden
☎ 01 72 / 7 48 47 73
www.eisarena-baden-baden.de
Nov–Jan
4 €, Kinder ab 6 J. 2,50 €,
bis 6 J. 2 €

Dobel
Etwa 35 km von Karlsruhe entfernt bietet die Gemeinde Dobel im Winter jede Menge Spaß und Ausflugsmöglichkeiten für die ganze Familie. Es gibt gleich mehrere empfehlenswerte Rodelmöglichkeiten, Rundloipen in verschiedenen Schwierigkeitsgraden und herrliche Winterwanderwege. Schön und abwechslungsreich rodeln kann man am Wasserturm. Hier gibt es auch einen Baby-Skilift, ideal für kleine Anfänger, da der Hang sehr flach ist (Betrieb Mo–Fr 14–17 Uhr, Sa–So 11–17 Uhr, Webcam unter www.dobel.de). Der Rodel- und Skihang befindet sich von Bad Herrenalb kommend gleich am Ortseingang hinter dem Kurhaus (kostenpflichtige Parkplätze). Eine weitere Rodelmöglichkeit gibt es an der Wildbader Straße. Von Bad Herrenalb kommend geht es nach dem Kurhaus rechts ab in die Wildbader Straße. Nach 500 m sieht man rechter Hand den Rodelhang (neben dem Rodelhang gibt es auch einen kleinen Doppelbügel-Schlepplift, gut geeignet für Anfänger und leicht Fortgeschrittene; Mo–Fr 14.30–17 Uhr, Sa–So 10–17 Uhr, Schneetelefon: ☎ 0 70 83 / 36 03) und nach weiteren 200 m links den Einstieg zu den Loipen. Rechts befindet sich ein kostenpflichtiger Parkplatz

 **TIPP**

Sehenswert und für Kinder äußerst spannend ist das alljährlich im Dezember stattfindende Schlittenhunderennen.

Spaß und Action im Winter

Auf dem Dobel ist es auch im Winter oft sehr sonnig. Herrliche Winterwanderwege laden zum Spaziergang ein.

mit Übersichtstafel (Loipentelefon: ☎ 0 70 83 / 7 45 31). Einen detaillierten Loipenplan finden Sie auf der Seite www.dobel.de/gaeste/skilanglauf. Man kann von hier aus auch herrliche Spaziergänge durch den Winterwald unternehmen. Die Wege sind normalerweise geräumt und auch bei viel Schnee gut begehbar. Als Ausgangspunkt für Winterspaziergänge oder Langlauf eignet sich auch der Parkplatz (kostenpflichtig) am Ortsausgang Richtung Neuenbürg.

Bad Herrenalb

Auch in Bad Herrenalb gibt es einige gute Rodelmöglichkeiten. Der schönste Schlittenhang ist wohl an der Talwiese (Oberes Gaistal). Hier befindet auch ein kleiner Tellerlift. Man sollte beachten, dass der Lift nur bei guter Wet-

Spaß und Action im Winter

fahrtstrecke mit kleinem Skilift, der sehr gut für Anfänger geeignet ist. Er ist allerdings nur bei guter Witterung und ausreichend Schnee in Betrieb. Am besten informiert man sich vorab unter ☎ 0 70 83 / 52 77 87. Direkt neben dem Skihang kann man auch wunderbar Schlittenfahren. Parkmöglichkeiten gibt es vor dem Ortseingang links und rechts. Auf der Übersichtstafel am Parkplatz finden Sie Tourenvorschläge, die auch im Winter gut zu machen sind.

Baden-Baden
Ein Rodelerlebnis der besonderen Art bietet die Rodelstrecke an der Waldgaststätte Scherrhof bei Baden-Baden. Bei guten Schneeverhältnissen wird die Bahn vom Forstamt Baden-Baden präpariert und man genießt eine 3 km lange Abfahrt zur Bußackerhütte.

Freizeit- und Sportzentrum Mehliskopf
Knappe 60 km von Karlsruhe entfernt bietet das Freizeit- und Sportzentrum Mehliskopf für Wintersportbegeisterte eine reiche Auswahl an Möglichkeiten: Skifahren, Langlaufen, Schneeschuhwandern sowie Snowboard- und Skikurse. Vier Doppelbügel-Lifte stehen zur Verfügung. Das Sportzentrum liegt hinter Baden-Baden und ist über die B 500 (Schwarzwaldhochstraße) Richtung Freudenstadt zu erreichen. Weitere Infos unter www.mehliskopf.de.

terlage und genügend Schnee in Betrieb ist. Am besten informiert man sich vorab (Infotelefon ☎ 0 70 83 / 52 59 07). Der Skihang ist relativ steil und eher nicht für Anfänger geeignet.

Bad Herrenalb-Neusatz
Am Ortseingang von Neusatz, von Herrenalb-Rotensol kommend, befindet sich rechter Hand ein netter Rodelhang und eine Ab-

Register

Seitenangaben von Touren sind durch Fettdruck hervorgehoben.

Abenteuerspielplatz 107, 115, 118
Aktivspielplatz 109
Alb 18, **29 ff.**, 36, 48, 52, 54 ff., 58 ff., **62 ff.**, 109, 110
Albgaubad 112, 114, 125
Altrhein 32, 37, 40, 42, 46,

Bad Herrenalb 50, **58 ff.**, **62 ff.**, 138, 140 f.
Baggersee 28, 42, 120 ff.
Biosphärenhaus 101 ff.
Bismarckturm 52, 57
Botanischer Garten Karlsruhe 106, 108
Buntsandsteinpfad bei Annweiler 97
Burg Berwartstein 90
Burg Fleckenstein 92
Burg Trifels 91, 97

Dahner Felsenland 97, **98 ff.**
Dampflokfahrten 62, 67, 107 f.
Dobel 139 f.

Elwetritsche 101, 135
Engelskanzel 67
Enzauenpark **118 ff.**
Epplesee **18 ff.**, 121,
Erlachsee 14, 16
Ettlingen 16, **52 ff.**, 65, 112 ff., 115
Ettlinger Linie 18 ff.
Europabad 125

Fähre 42, 44
Fahrradmitnahme im ÖPNV 9
Fahrzeugmuseum Marxzell 58, 60 f.
Fischbach bei Dahn 101
Forbach **72 ff.**
Frauenalb 58 ff., 65, 69
Freibad 29, 67, 70, 72, 124
Freizeitanlage Muggensturm **115 ff.**

Gernsbach **67 ff.**
Geroldsauer Wasserfall **76 ff.**
Gertelbacher Wasserfälle 83
Gewässerlehrpfad an der Alb 18, 109, 111
Giersteine 72, 74 f.
Glücksweg Bermersbach 72, 74
Graf-Rhena-Weg 58, 61
Grafensprung 67, 69
Grobbachtal 76
Grötzinger See **26 ff.**
Günther-Klotz-Anlage 29, **109 ff.**, 138

Hafenrundfahrt 38 f.
Hafensperrtor, Rheinhafen 38 f., 42, 44
Hallenbad 114, 125
Hardtwald **34 ff.**
Hedwigsquelle 16
Heuhüttental 50, 74
Hofgut Maxau **38 ff.**, 42, 44
Horbachpark Ettlingen **112 ff.**

Indoorspielplatz 125 f.

Kaltenbronn 50, **84 ff.**
Karlsruhe 8, 12, 14 f., 21, 23, 31 f., 34, 38, 40, 46 f., 65, 106 ff.,
Karlsruher Verkehrsverbund (KVV) 8
Katz'scher Garten 67, 71
Keschdeweg, Pfalz 94 ff.
Kino 126
Kleiner Bodensee 34 ff.
Klettern 18, 21, 24, 31, 35, 107, 109, 112, 115, 136
Klingelkapelle 67 ff.
Kloster Bad Herrenalb 63, 69
Kloster Frauenalb 58 ff.
Klosterpfad 58, 66

Impressum

Bildnachweis
Max Beyer: 12/13, 60/61, 88/89, 117 unten
Stefan Krauss, www.post scriptum.biz: 63
Eva Lichtenberger: 28
Alle anderen Fotos von Veronika Beyer.

Umschlagbild
Jörg Donecker, Karlsruhe

Übersichtskarte
Ralf Paucke, Vaihingen/Enz

Layout, Umschlaggestaltung, Herstellung
post scriptum, www.post-scriptum.biz

Druck
Bosch-Druck GmbH, Landshut

G. BRAUN Buchverlag
Karlsruhe
© 1. Auflage 2013
G. Braun Telefonbuchverlage GmbH & Co. KG

Das Werk einschließlich aller seiner Teile ist urheberrechtlich geschützt. Jede Verwertung außerhalb der engen Grenzen des Urheberrechtsgesetzes (auch Fotokopien, Mikroverfilmung und Übersetzung) ist ohne Zustimmung des Verlages unzulässig und strafbar. Dies gilt auch ausdrücklich für die Einspeicherung und Verarbeitung in elektronischen Systemen jeder Art und von jedem Betreiber.

ISBN 978-3-7650-8604-5

Register

Knielinger Museum 41
Knielinger See 38 f.

Langlauf 138, 140 f.
Lauerturm 52, 55
Leopoldshafen 34, 36
Luchspfad 80 f., 83

Maislabyrinth 118
Mandelpfad, Pfalz 96
Märchengarten Schloss Ludwigsburg 132 f.
Märchenparadies Heidelberg 134
Märchenwald Kraichgau 132
Maximiliansau 42
Mehliskopf 141
Mobile Spielaktion, Stadtjugendausschuss 109
Muggensturm **115 ff.**
Murgtal 50, 67, 69, 71 f., 74, 87
Murgtalmuseum 72, 74
Museum 21, 24 f., 41, 43 f., 47, 52 f., 55, 60 f., 72, 101, 112, 117, 119, 128 ff.

Naturschutzzentrum Rappenwört 46 ff.
Neuburg 42 ff., 123
Neuburgweier 42, 44, 122

Obersee 14, 16 f.
Oberwald **14 ff.**

Pamina-Radweg 36 f.
Panorama-Rundweg 52, 57, 79, 116
Pfalz 32, 88 ff.
Pfinz-Entlastungskanal 34 ff.
Pforzheim 118, 136, 139
Plättig **80 ff.**
Plotzsägmühle 62 f., 65 f.
Poppeltal, Freizeitpark 134

Quellenerlebnispfad Albtal **62 ff.**

Rappenwört 42, 44, **46 ff.**
Reptilium Pfalz 136
Rhein 32 ff.
Rheinaue-Museum 42, 44

Rheinfähre 44
Rheinhafen 38 f., 42, 44, 65
Rheinstrandbad 42, 44, **46 ff.**, 124
Rittnerthof 21, 24 f.
Rodeln 139 ff.
Rüppurr 27, **29 ff.**

Sagenweg **67 ff.**
Schifffahrtmuseum 43 f.
Schloss Eberstein 67 ff.
Schloss Ettlingen 52 f., 55, 114
Schloss Karlsruhe 34 f., 106 ff., 128
Schloss Ludwigsburg 132
Schlossfestspiele Ettlingen 52 f.
Schlossgarten Karlsruhe **106 ff.**
Schlossgartenbahn 107 f.
Schwarzwald 12, 50 ff., 67, 80, 82, 84 f., 138
Skifahren 139 ff.
Speyer 38, 130
Sternwarte 31

Theater 52 f., 126 ff.
Tierpark 14 ff., 134 ff.
Trollpfad 84 ff.
Tulladenkmal 38, 40
Turmberg **21 ff.**

Uhrenmuseum 21, 24 f.
Unimog Museum 115, 117

Vogelpark 34 ff., 137

Walderlebnispfad 48, 134
Waldseilgarten am Turmberg siehe „Klettern"
Waldspielplatz 15, 21, 24 f.
Waldwipfelpfad, Fischbach 101
Wasserspielplatz 72, 75, 112 f., 118 f.
Weingartener Moor **26 ff.**
Weingartener See 28
Wild- und Wanderpark Silz 136
Wildgehege 46 ff., 85, 136 ff.
Wildnispfad **80 ff.**
Wildseemoor 84, 87

Ziegenpfad Bermersbach 72 ff.
Zoo 14 f., 134 ff.